박정선의 밥 이야기

박정선의 밥 이야기

초판 1쇄 인쇄일   2022년 7월 15일
초판 1쇄 발행일   2022년 7월 22일

엮은이   박정선
펴낸이   최길주

펴낸곳   도서출판 BG북갤러리
등록일자   2003년 11월 5일(제318-2003-000130호)
주소   서울시 영등포구 국회대로72길 6, 405호(여의도동, 아크로폴리스)
전화   02)761-7005(代)
팩스   02)761-7995
홈페이지   http://www.bookgallery.co.kr
E-mail   cgjpower@hanmail.net

ISBN 978-89-6495-250-4 03230

기독교방송 라디오JOY '사연 토크쇼!'

박정선의
밥이야기

박정선 엮음

기독교방송
JOY RADIO
추천 도서!

BG 북갤러리

밥 이야기… 사연… 그리고 작은 기억들…

〈CTS〉 방송국 라디오조이 첫 미팅 날, 밝게 웃으며 기획 회의를 했지만, 집에 돌아와서는 깊은 한숨과 걱정이 시간을 지배했습니다. 과연 잘할 수 있을까 하고요.

그날은 종일 주님께 고백하고 간구했습니다.

프로그램 이름을 '밥 이야기'로 정했습니다. '밥 한 끼를 같이하며 서로 소통하고 인생을 나누자.'라는 뜻이었습니다.

처음 방송하던 날, 눈앞에 아무것도 안 보이고 아무것도 생각이 나지 않았네요. 그저 주어진 사연을 안 틀리려고 큰소리로 또박또박 읽었던 기억만 납니다. 그렇게 정신없이 시간이 지났고 방송의 무게감과 처음 하는 진행이기에 자다가도 놀라서 일어나 대본을 읽었던 기억이 납니다.

사회생활을 하면서 치열하게 열심히 살았지만,

어쩌다 어른이 되고 철없는 엄마가 되고,

부족한 제가 방송까지 하게 되었는데…….

방송을 하기 전 제 인생은 삶의 환경과 무거움 때문에 많이 힘들었습니다. 늘 허무한 삶의 연속이었습니다.

그래서 무조건 부딪혀 보고 싶었습니다. 용기를 내서 도전하고 싶었습니다.

동시대를 살아가는 사람들의 이야기들을 듣고, 보고 싶었습니다.

그리고 나누고 싶었습니다.

방송을 통해 울기도 하고, 웃기도 하고, 때론 화가 나서 힘들 때도 있었습니다. 사연을 보내신 분들을 위해 진심으로 기도하며 방송을 준비했습니다.

모두 각자의 삶이 다양한 사연으로 이어지지만 사실 우리 모두의 이야기입니다.

솔직히 표현하면 그분들의 인생을 통해 제 스스로가 많은 걸 깨닫고, 배우고, 성장하였음을 고백합니다.

소중한 사연 앞에 제 자신이 겪었던 여러 일을 돌아보게 하는 귀한 시간이었습니다. 그렇게 조금씩 저는 변화되기 시작했고, 방송도 은혜와 감동의 사연들로 많은 사랑을 받고 성장하기 시작했습니다.

지금 제 인생이 하프타임이라면, 주님이 주시는 은혜의 시간이었습니다. 부족하지만 주어진 사명을 감당하기에 정말 고맙고 또 감사할 뿐입니다.

귀한 사연들이 책을 통해서 더 많은 분이 인생을 돌아보고 생각하며, 잠시 걸음을 멈출 수 있는 시간이 되었으면 좋겠습니다.

주어진 사명을 잘 감당케 해 주시는 하나님과 〈CTS〉 라디오에 감사드립니다.

청취자 여러분의 많은 관심과 사랑에 깊은 감사를 드립니다.

감사합니다.

저는 '밥 이야기' 진행자이자 사랑하는 아들 종원이 엄마 박정선입니다.

차례

PART 4. 문득 생각난 나의 기억들 그리고… • 135

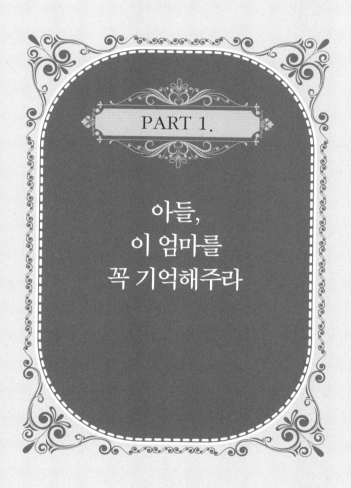

PART 1.

아들,
이 엄마를
꼭 기억해주라

마지막 사진 한 컷

저는 서울에서 작은 사진관을 운영하는 73세 박진묵 장로입니다.

'사진관.'

진행자님은 무엇이 떠오르시나요?

사진관, 요즘 장사가 안됩니다. 아니, 안된지는 10년쯤 되었습니다.

사진관을 40여 년간 했습니다. 어릴 적 가난해서 고등학교를 중퇴하고 사진관에 취직했습니다.

사진관 보조로 봉급 받다가 사진관을 이어받아 강산이 세 번 바뀌었네요.

그리고 사진관 큰딸과 저는 결혼을 했습니다. 그리고 너무 행복했습니다.

처음엔 사진관이 잘되었지요. 돈도 많이 벌었고요. 동네 모든 행사는 다 도맡아서 했지요.

어느 날부터인지 디지털카메라가 생기고 핸드폰에 카메라 기능성이 생기고…….

이제 입학 사진, 졸업 사진, 돌, 백일사진 이런 거는 거의 셀프로 다 합니다. 진행자님도 핸드폰으로 사진 찍지 않으십니까? ㅎㅎ

가끔 여권 사진이나 큰 인화가 필요한 가족사진 외에는 손님이 없습니다.

이제 이번 설날이 지나면 사진관 문을 닫습니다.

카메라 렌즈가 닫히듯 이제 40여 년 동안 하던 일을 이제 그만 멈출까 합니다.

왜냐고요? 제가 장사가 안된다고 사진관을 그만두는 것은 아니고요. 제 인생에 약속된 마지막 사진을 찍었기 때문입니다. 네, 마지막 셔터를 누르고 말았습니다.

저희는 아들 하나를 두었는데 중학교 때 사고로 잃었습니다. 먼저 하늘나라로 보냈지요.

그리고 저희 부부는 너무너무 힘들었지만, 기도와 봉사로 열심히 살았습니다. 어려운 사람을 도우려고 애를 썼고 노인들에게 주민센터에 가서 사진도 무료로 가르쳤습니다.

봄, 여름, 가을, 겨울 4계절 전국 아름다운 곳에 가서 제 아내와 사진을 찍었습니다. 제 아내와 선교지에 가서도 아름다운 사진을 많이 찍었습니다.

이런 아내는 참 행복해했고요. 사진의 수는 만 장을 넘었습니다. 만 장이 넘을 때쯤인 2년 전 저희 아내가 아프기 시작했습니다. 너무 놀라서 병원에 갔고요. 병세는 심각했습니다.

병원에서는 마음의 준비를 하라 했습니다. 몇 달을 못 버틸 거라는 의사의 선고였습니다. 충격을 받았지만 기도하면서 아내와 신앙으로 마음의 준비를 했습니다. 그리고 아내에게 약속했지요. 혹시 당신이 우리 아들 만나러 가면 당신이 평안히 누워서 눈을 감은 모습을 내 인생 마지막 셔터로 누르고 사진기를 손에서 내려놓겠다고요.

그러면서 우리 부부는 서로 손을 잡고 많이 울었습니다.

병마와 잘 싸워 주었고 2년을 저와 더 보내주고 작년 추석이 지나 아내는 주님이 계신 곳, 우리 아들 곁으로 갔습니다.

임종의 순간, 저는 카메라를 꺼내어 들었습니다. 그 순간을 알았는지 제 아내는 미소를 보여 주었고, 저는 제 아내의 마지막 모습을 직접 보지 못하고 아주 작은 렌즈로 보아야 했습니다.

제가 찍은 아내의 마지막 사진, 제 인생 최고의 작품이었습니다. 그리고 저는 오래된 사진기를 손에서 놓아 버렸습니다.

주름진 얼굴에 미소를 띤 우리 김 권사님……. 마치 천사 같았습니다.

주님 계신 천국에서 우리 세 식구 꼭 만나서 못다 한 이야기를 하려고 합니다.

이제 저는 다음 달에 사진관 문을 닫고 봉사하며, 기도하며 남은 삶을 살아갈 겁니다.

사연 읽어주셔서 감사합니다.

늘 행복하시고 주 안에서 승리하세요.

오해와 편견

저는 경상도 대구에 사는 유광태라고 합니다.

저는 대구 동성로에서 작은 핸드폰 가게를 하는 사람이고, 교회에 열심히 다니고 있는 잡사입니다.

저희 가게에 아르바이트를 하는 고2 남학생이 있습니다. 3개월 동안 일도 잘했고 성실히 본인의 맡은바 업무를 잘하더라고요.

그런데 갑자기 좀 안 좋은 일이 생겼습니다.

어느 날 아침, 출근을 해보니 핸드폰 신형 2개가 없어진 겁니다. 난리가 난 겁니다. 요즘처럼 불경기에 작은 가게에서는 치명적이었습니다.

아르바이트생에게 물어보니 모른다고 하고 참 난감했습니다.

그런데 옆집 편의점 주인이 저한테 문자로 저희 아르바이트생이 어제 신형 핸드폰을 박스로 들고 나가는 걸 보았다고 하는 겁니다.

저는 그 말을 듣고 너무 화가 나서 아르바이트생을 불러서 화를 내고 심하게 따졌습니다.

알바생은 자기가 안 가져갔다고 울면서 말하는 것이 없습니다.

거기서 저는 하지 말아야 할 말을 했습니다.

너희 아버지 뭐하시냐고, 뭐하신데 가정교육을 이렇게밖에 못 받았냐고 소리를 지르고 야단을 쳤습니다.

아르바이트생은 작은 목소리로 "저희 아빠는 어릴 적에 하늘나라에 가셔서 안 계셔요."라고 하는 것이었습니다.

잠깐 대화가 끊긴 채 침묵이 흘렀습니다.

저는 화를 못 참고 집에 돌아가라고 하면서 "내일까지 훔쳐 간 핸드폰을 가지고 오지 않으면 가만히 두지 않겠다."고 하고 집으로 돌려보냈습니다.

그리고 분이 풀리지 않아 동네 한 바퀴를 돌고 가게에 와서 CCTV를 보았습니다.

천천히 돌려보았는데 글쎄 오후에 다른 손님들이 핸드폰 2개를 가방에 넣고 나가는 모습을 포착했습니다.

그리고 더 CCTV를 돌려보니 알바생이 가지고 나간 신제품 박스는 빈 박스였고, 알바생은 다른 손님이 구매한 빈 박스를 밖에 버리려고 가지고 나간 것이었습니다.

저는 너무 깜짝 놀라 눈물이 핑 돌았습니다.

어찌 할 바를 몰라서 어안이 벙벙한 채 한참을 망설이다가 기도를 하고, 회개를 하고, 알바생에게 전화를 했습니다.

처음에 전화를 안 받다가 통화가 되었고, 저는 자초지종을 설명하며 사과를 진심을 담아서 했습니다.

알바 학생은 웃으며 괜찮다고 합니다.

저는 정말 미안합니다. 그리고 하늘나라에 계신 알바생 아버님에게도 너무 미안합니다.

내일 밝은 모습으로 보자고 하고 전화를 끊었습니다.

이 친구와 밥 한 끼 하고 싶습니다.

그리고 다시 한번 교회 다니는 집사로서 남자답게 사과하고 싶습니다.

모세 엄마 1

저는 부산에 살고 있는 김○○ 집사입니다.

존경하는 남편과 눈에 넣어도 안 아플 것 같은 딸아이를 키운, 이제 60을 바라보는 평범한 이름, 엄마입니다.

저는 이 방송을 〈크리스천투데이〉 신문기사에서 읽고 제 얘기를 하고 싶어 사연을 보냅니다.

저는 이번 가을에 하나밖에 없는 자식, 딸아이를 결혼시킵니다. 정말 감사한 일이죠. 그리고 너무 서운한 일입니다.

진행자님도 딸 아이가 있으신지요? 제 마음은 벌써 무너지고 찢어지고 갈라집니다……. 속상해서요…….

밤마다 눈물이 흘러서 옆에서 자는 남편이 뭐라고 할 정도로 슬프고 또 슬픕니다.

그런데 며칠 전에는 남편이 딸아이 앨범을 보면서 혼자 방에서 엉엉 우는 걸 보았습니다.

오늘 화장대에 비친 제 모습이 흰머리도 많고 주름이 제법 있습니다. 그래도 딸이 잘 커 주어서 정말 감사하고 고맙습니다.

이번 주 목사님께서 설교하시는데 모세에 관한 이야기를 하셨습니다.

모세가 민족의 위대한 지도자가 되었는데 우리가 평소 귀하게 여기지 못했던 모세의 친엄마 '요게벳(Jochebed)' 얘기를 하시더라고요. 아이의 목숨을 살리기 위해서 그 엄마는 큰 결심을 하죠. 이제 막 정들기 시작했는데, 이제 막 아이가 웃기 시작했는데……. 갓난아이를 작은 갈대 상자에 넣어 강가에 띄울 때 얼마나 불안하고 걱정되었겠어요. 바람이 불어 물에 빠지지는 않을까, 물고기가 아이를 해치지는 않을까……. 작은 상자를 두 손에서 놓을 때 모세의 엄마는 얼마나 울고 또 울었을까요. 그리고는 이렇게 기도했겠죠…….

"하나님, 이 아이가 이제 험한 세상의 강으로 나갑니다. 도와주세요. 하나님, 도와주세요. 이 아이의 삶을 맡깁니다. 하나님 손으로 이 아이를 건져주세요. 이 아이를 지켜주세요……."

진행자님, 제가 이번에 모세 엄마의 마음입니다.

실은 제 아이가 태어날 때부터 장애인으로 살았습니다. 너무 고생이 심했고, 너무 힘들게 삶을 살아왔습니다.

저희 부부는 아이에게 그리고 주님께 약속했습니다. 더는 아이를 갖지 않고 이 아이에게 모든 사랑을 다 주겠노라고……. 그리고 생각보다 우리 부부는 힘들게 하루하루를 살아왔던 것 같습니다. 그래도 하나님 안에서 신앙을

갖고 믿음으로 기도하며 너무나 잘 자라주었습니다.

이제 이 아이가 부모를 떠나 새로운 여행을 하게 됩니다. 모세처럼 작은 상자에 담겨서 처음 보는 많은 것들과 부딪히고 만나겠죠…….

평범하지 못해서 더 힘들고 더 마음이 아픕니다. 그리고 두렵고 떨립니다. 모세의 엄마처럼 걱정도 많고 눈물만 흘립니다.

이제 엄마 손에서 떠나는 이 아이는 모세처럼 하나님이 책임을 지어주셔야 할 때가 온, 그곳 같습니다. 하나님이 이 아이를 세상의 풍파 속에서 지켜주실 거라고 믿습니다.

진행자님, 우리 아이를 위해 기도해 주세요. 그리고 예비사위 사부인, 우리 아이 좀 부족합니다. 마음이 매우 여린 친구입니다. 주님의 사랑으로 아껴주시고 친딸처럼 보살펴주세요…….

두서없는 글 급한 마음, 아쉬운 마음에 이른 아침에 몇 자 적었습니다.

내가 판매한 오토바이가~~

저는 서울 광진구에 사는 유태열이라고 합니다. 가명입니다. 이해해 주세요.

저는 오토바이 가게를 운영하고 있습니다.

결혼한 지 2년 차 되는 신혼입니다.

장사한 지는 10년 정도 됩니다.

어릴 적부터 자전거나 오토바이를 좋아해서 취미로 타다 보니 직업이 되어 버렸습니다.

수리도 할 줄 알고 공장도 도매일도 하다 보니 지금은 오토바이 전문가가 되었습니다.

지금으로부터 2년 전 어느 겨울, 동네의 한 어머님이 저를 찾아와서 자기 아들이 오토바이를 사려고 오면 무조건 팔지 말라는 것이었습니다. 아마도 지금도 무면허로 몰래몰래 오토바이를 타나 봅니다.

거의 부탁이 아니라 협박에 가까운 것이었습니다.

그 당시 고등학생들이 밤에 불법으로 개조한 오토바이를 많이 타서 안타까운 사고를 많이 냈기 때문에 충분히 이해가 가는 상황이었습니다.

배달하는 친구들도 밤에 오토바이를 타고, 무면허 폭주족들도 그랬습니다. 한참 사회적으로 문제가 많을 때였죠.

저는 장사하는 처지에서 미성년자나 무면허가 아니면 팔지 말아야 할 이유는 없었습니다.

몇 달이 흘러서 정말 그 친구가 저희 가게에 왔고 면허와 돈을 들고 와서 오토바이를 산다는 것이었습니다.

저는 잠시 망설이다가 너희 엄마가 오토바이를 싫어하시는데 조심히 타라고 부탁한 후에 오토바이를 팔았습니다.

그리고 몇 달 후 조금 안타까운 소식이 들렸습니다. 이 친구가 오토바이를 타다가 사고를 당한 겁니다. 다행히 목숨을 건졌지만, 다리와 어깨를 심하게 다쳐서 장애인 등급을 받아야 하는 상황이 생긴 겁니다.

그 엄마는 저에게 와서 화를 내면서 크게 원망하고 갔습니다.

그날 이후 저는 무거운 짐을 진 범죄자처럼 마음이 무겁습니다. 교회에 가서 기도해도 기도가 안 되고 마음이 많이 안 좋습니다.

제 아내도 제 마음을 아는지 위로를 많이 해주지만 제 마음이 좋지 않습니다. 아내에게도 미안하고 참 그렇습니다.

그냥 답답한 마음에 우연히 방송 듣다가 글을 남깁니다.

2층은 개척교회

저는 충북 청주에서 열심히 일하고 신앙생활 하는 김윤정 집사입니다.

저는 돼지갈비 가게를 4년째 운영하는데요. 제법 장사도 잘되고, 맛있다고 소문도 나서 나름 돈도 좀 벌어서 헌금도 많이 내는 두 아들의 엄마입니다(나이는 밝히기 좀 그렇고요).

저는 두 가지 고민이 있어서 이렇게 사연을 보냅니다.

첫 번째 고민은 요즘 코로나 때문에 장사가 너무 안됩니다. 몇 년 전에 메르스인가? 그때도 지금처럼 이러지는 않았는데요.

너무 장사가 안돼서 일하는 아주머니들도 한 분 빼고 나머지 분들은 나오지 마시라고 했어요.

아예 손님들이 없어요. 가게 월세에, 월급에, 재룟값 주고 나면 완전히 마이너스예요.

요즘 티브이에 보니까 착한 건물주들은 임대료도 깎아 주고 그런다던데,

저희 건물 주인은 아예 그 생각이 없으신가 봐요. 먹고 사는 게 걱정이에요.

두 번째 걱정은 장사가 돼도 걱정이에요.

실은 저희는 5층 건물인데 저희 가게가 1층이고, 2층이 개척교회거든요.

개척하신 지 1년이 안 되었는데 저희 가게랑 조금 트러블이 생겼어요.

저희 가게에서 수요일이나 금요일 장사를 하면 예배 시간과 겹치나 봐요. 아무래도 고기 냄새가 위로 올라가니까요. 냄새도 올라오고 연기도 올라오고, 아무래도 예배드리는 데 좋은 환경은 아니겠지요.

목사님이 몇 번 내려오셔서 얘기하시더라고요.

그럼 어떻게 해요. 아무리 교회라도 저희도 먹고살아야 하니 장사는 해야 하잖아요.

목사님이 교회 입장에서만 자꾸 얘기를 하시길래 좀 참다가 짜증이 나서 교회가 빨리 커져서 이사 가시라고 해버렸어요. 그다음부터는 이웃 관계가 좀 어색해졌어요.

지금은 코로나 때문에 손님이 거의 없어서 연기나 냄새가 안 올라가요.

손님이 없으면 먹고 살기 어려워서 걱정되고, 손님이 많아지면 2층 목사님과 싸우는 게 걱정됩니다.

이러지도 못하고 저러지도 못하는 제 마음은 이해하시겠죠?

답답한 마음에 사연을 보내봅니다.

한 달에 한 번 전해주는 편지

저는 부산에 살고 있는 박중현 집사라고 합니다.

6학년이고요. 평생을 다니던 직장을 그만두고 쉬고 있는 집사입니다.

'요게벳' 사연을 보낸 집사님과 같은 교회에 다니고 있습니다.

저는 평생을 우체부로 일했고 평생을 자전거와 오토바이를 탔습니다. 비가 오나 눈이 오나 부산 동구 초량동에서 30여 년을 일했습니다.

저는 '밥 이야기'처럼 방송을 통해 사연을 전달해주지는 못하지만 직접 현장에서 편지와 소포를 배달해주며 한평생을 살았습니다.

30여 년 하다 보니 받는 분의 표정과 얼굴, 목소리만 들어도 저는 무슨 편지인지 어떤 소포인지 느낌이 옵니다.

슬픈 사연을 예감하고 미리 눈물을 보이는 사람, 기쁜 소식을 예감하고 미소를 짓는 사람 등등.

제가 기억나는 분이 한 명 있습니다.

1990년인가? 어느 겨울, 아들을 군대에 보낸 어머니가 전보를 받았습니다.

전보의 내용은 알 수 없었으나, 어머니는 1분도 안 되어 자리에 앉아 소리 내 통곡을 하였습니다. 직감적으로 저는 알았습니다. 군대에서 아들이 사고로 사망한 것이라는 것을……

저는 직업병처럼 바로 뒤돌아서서 와야만 합니다. 거기서 사연을 듣고 시간을 머문다면 다음 일을 못 하니까요. 그 어머니의 눈물과 통곡을 아직도 잊을 수가 없습니다.

또 하나는 제가 산동네까지 한 달에 한 번 편지를 전해주는 집이 있었습니다. 서울에 사는 딸아이가 한 달에 한 번 부산에 계신 어머니께 편지를 보내는 거였습니다. 어김없이 첫 번째 주 토요일이면 편지가 왔습니다. 3년 동안 빠지지 않고요.

그러던 어느 날, 산동네로 우편물을 가지고 갔는데 그 집에 아무도 없었습니다. 알아봤더니 그 어머니가 돌아가셨다고 동네 사람들이 그러는 겁니다. 그래서 그 편지를 제가 가지고 왔습니다.

그런데 얼마 후 또 그 편지가 오는 겁니다. 그다음 달에 또 오고요. 이해할 수 없었습니다.

그래서 자세히 발신자 주소를 사람을 통해 알아봤더니 서울에 사는 딸은 시한부 암 판정을 받아 2년 전에 사망했다는 겁니다. 딸이 엄마가 걱정할까 봐 미리 몇 년 치 편지를 작성해 놓고 친구에게 부탁해서 한 달에 한 번 편지를 보낸 거였습니다.

그 딸은 편지를 미리 쓰면서 어떤 마음이었을까요……. 저는 참았던 눈물이 터지고 말았습니다. 정말 크게 감동하여 제가 신문사에 얘기해서 〈부산일보〉에 게재되기도 했습니다.

사연을 전달한다는 것은 매우 아름답고 보람 있는 일인 듯합니다. 저는 작은 일을 했지만, 참 감사했습니다.

DJ님도 살아가면서 사는 인생의 사연들을 전달하는 것에 자부심과 책임감도 느끼시고 방송 사역에 축복이 있기를 기도합니다.

그리고 주시는 사연에 은혜를 받고 감동하는 사람들이 있다면, 그것에 기뻐하세요.

저는 그저 배달꾼이었지만 제가 느끼는 감동을 살면서 느끼실 겁니다.

네가 사는 거지?

저는 경북 김천에 살고 있는 장필주라고 합니다.

45세이고요. 작은 공장에서 열심히 일하고 동네 시골교회에서 봉사하며 신앙생활을 하고 있는 '딸딸이 아빠'입니다.

제 마누라는 사람이 공짜 좋아하면 못 쓴다고 사연 보내지 말라고 하는데, 실은 제가 공짜 때문에 생긴 사연을 말씀드리고자 소식을 드립니다.

저는 비료 공장에 다니는데요. 10여 년 동안 같이 근무하는 팀장님 오○○ 이야기를 하고자 합니다.

어릴 적부터 한동네에 살았고요. 교회도 같이 다니고 아주 친한 형입니다. 나이는 같지만, 학교에 그 형이 먼저 들어가서 형이라고 부르고 있죠.

그래서 가끔 짜증도 납니다. 이 형은 어릴 적부터 구두쇠였습니다. 너무 지독해서 동네에서는 짠돌이라고 불렸습니다.

자기 돈으로 과자 한 봉지를 안 사는 아주 지독한 형이었고 과장하는 것 같지만 옷도 1년에 딱 세 벌만 입는 것 같았습니다.

봄 티셔츠, 여름 반팔 티 그리고 청바지, 겨울 점퍼 추리닝……. 그 외에는 정말 본 적이 없습니다. ㅎㅎㅎㅎ

어릴 적엔 그럴 수 있다지만 나이 먹고 직장 다니면서도 그 형태는 똑같습니다.

그 형은 아니, 팀장님은 밖에서 점심을 먹을 때나 회식을 할 때는 무조건 각자 내자고 합니다. 요즘 애들 말로 더치페이가 편하다나요? 한 번도 팀장인데 밥 한 번 안 삽니다.

회사에서 직원들이 자판기 커피 마시러 일어나면 정말 행동 빠르게 스파이더맨처럼 뒤에 딱 붙어서 "동전 있어?" 그럽니다.

100원짜리 하나 아끼고 자린고비처럼 사는 우리 형님 공짜 좋아하면 대머리 된다고 그러는데, 이 형은 머리숱도 많습니다.

그리고 심지어 제 아이들 돌 때는 어떤 일이 있었느냐면요.

저는 그 형 아들 돌 때 금반지 한 돈을 했습니다. 그런데 이 형은 우리 딸 돌 때 반 돈을 하는 겁니다. 얼마나 화가 나던지요…….

그래서 이때다 싶어서 제가 따졌죠. 너무 하는 거 아니냐고 막 따졌습니다.

그러나 이 형님 하는 말이 "너 나중에 아이 두 명 날 거라며? 한 명 더 낳으면 반 돈 더 할 건데? 그럼 맞는 거 아니니?" 이러는 겁니다. ㅠㅠㅠ

정말 기가 막혀서 말이 안 나오더라고요. ㅎㅎ 그래서 그랬는지 3년이 지나서 제가 딸 하나 더 낳았나 봅니다. ㅎㅎㅎ

물론 금반지 반 돈 받았죠. ㅎㅎㅎ 정말 이런 구두쇠는 처음 보았습니다.

그런데 작년 겨울에 저는 큰 충격을 받았습니다.

동네에 홀로 사는 노인들이 모여 사는 시설이 있습니다. 교회에서나 마을에서 이 분들 식사나 생활을 돕고 있습니다.

그런데 작년에 제일 나이 많으신 어르신이 매우 아프셨습니다. 이 어르신께서 하시는 말씀이 이 시설에 10여 년 동안 남몰래 생활비를 월 100만 원씩 지원한 사람이 있다고 하시는 겁니다.

그리고 그 말을 꼭 남기고 떠나고 싶다고 하시면서 이름을 얘기하는데 구두쇠 형 이름을 얘기하는 거였습니다. 우리는 아니, 온 마을은 충격에 빠졌습니다.

교회 예배시간에 얼굴이 빨개져서 앉아있는 형을 보면서 많은 생각을 하였습니다.

진행자님, 다음 주에 이 형 생일입니다. 식사권 주시면 용기 내서 밥 먹자고 할 생각입니다. 그리고 많은 대화를 나누어 보고 싶네요.

구두쇠 형은 아마도 이러겠죠.

"네가 사는 거지?"라고요.

내가 천국 열쇠를 네게 주리니 네가 땅에서 무엇이든지 매면 하늘에서도 매일 것이요 네가 땅에서 무엇이든지 풀면 하늘에서도 풀리리라 (마태복음 16장 19절)

아! 웃고 있어도 눈물이 난다

저는 경기도 구리에 살고 있는 주○○ 장로입니다.

작은 교회를 섬기고 있고요. 중소기업에서 재무 일을 맡아 30여 년 근무하고 있는 평범한 50대 가장입니다.

저는 아들 하나, 딸 하나를 주님이 주셔서 잘 키웠습니다.

이번에 제 큰 딸아이가 시집을 간답니다. 직장에서 만난 두 살 선배인데 1년 정도 연애를 했나 봅니다.

딸을 시집보낼 때 아빠의 마음이 무너진다고 하던데……

결혼한다고 예비사위를 인사시키러 왔는데 그 친구가 맘에 들고 안 들고를 떠나 이상하게 짜증이 나는 겁니다. 밥을 먹고, 차를 마시고, 얘기를 나누는데 이상하게 화가 나고 심장 박동수가 빨라집니다.

유행가 가사처럼 "아! 웃고 있어도 눈물이 난다."라는 말이 제 얘기였습니다.

저에게는 가슴이 무너지는 일이 제 인생에 있었습니다.

아내 이야기인데요. 10여 년 전 아이들이 성인이 되기 전에 사고사로 하늘나라로 먼저 갔습니다. 갑자기 벌어진 일이라 우리 가족 모두에게는 충격이었죠. 아마도 엄마 없이, 아내 없이 지내온 터라 딸이 시집을 간다고 하니까 너무 서운한 나머지 눈앞이 깜깜해지는 것 같습니다.

딸아이가 엄마 역할을 다 해주었거든요. 집안일부터 모든 걸요……

'이것이 인생이구나!' 하고 생각을 정리 중인데 참 걱정이 많습니다.

예비사위를 보니 믿음도 좋고, 저보다 잘생겼고, 인품도 좋은 듯한데 괜한 걱정이 들곤 합니다. 아무래도 제가 불안 장애를 겪고 있나 봅니다. 기도를 많이 해야겠습니다.

그런데 요즘 새벽마다 잠을 자는데 누군가 제 방문을 열고 잠깐씩 보고 가는 느낌이 있습니다. 제 딸아이가 그러는 것 같습니다. 아무래도 본인도 제 걱정을 하겠죠.

다음 주 토요일, 예비사위 부모님과 상견례를 합니다. 떨리기도 하고 좀 가기 싫기도 합니다. 딸을 뺏기는 것 같은 마음이 듭니다. 가서 잘 살아야 할 텐데……. 가서 잘해야 할 텐데……. 이런 걱정들이 드나 봅니다. 아니면 제가 혼자 남겨질 것 같아서 두려운 걸까요?

사실 제가 좀 소심하고, 여성스럽고 그렇습니다. 그래서 딸도 걱정이 많은 듯합니다.

가족사진에 있는 아이 엄마 얼굴을 보면 제 딸아이와 똑같이 생겼습니다.

예쁘고 아름답게 보내 주어야 하는데 걱정이 많습니다.

아들, 이 엄마를 꼭 기억해주라

저는 방을 혼자 쓰고 있는 행복한 주부입니다. 제 방에 침대도 크고요. TV
도 크고 노트북도 최신형입니다. 남편이 작년 제 생일날 모든 가전제품과 가
구들을 최고 현대식으로 모던하게 바꾸어 주었거든요. 인생 살면 얼마나 산
다고 이렇게 호사를 누려도 되는 건가요? 정말 너무 행복합니다.

그런데 제 방에는 아주 두꺼운 달력이 있습니다. 심플하지도 않고 좀 촌스
러운 옛날식 달력입니다. 왜 아시죠? 옛날 식당이나 다방에 가면 벽에 걸린
두꺼운 달력……. 창호지로 만든, 매일 뜯어 버리는 촌스러운 달력요. 원래
는 월별로 만들어진 달력을 평생 사용했는데 남편이 얼마 전부터 일별로 된
달력을 제 방 안에 갖다 놓았네요. 하루에 한 장씩 뜯으면 하루가 천천히 간
다나요……. ^^

일곱 장을 뜯으면 일주일이 천천히 가고 서른 번을 아침마다 뜯어내면 한
달이 천천히 간다고 하더라고요. 저는 매일 하루하루 달력을 뜯어내며 감사

하고 소중한 날을 정말 천천히 맞고 있는 40대 '행복이 엄마'입니다.

　진행자님, 방송 '밥 이야기'는 평소 게스트로 듣다가 며칠 전 회원 가입하고 즐겨듣기하고 있습니다. 8월부터 감사하고 또 감사한 마음으로 세상 사는 이야기를 듣고 있습니다.

　"주미야, 엄마가 미안해."라는 음성이 오랫동안 가슴에 잔잔한 파동으로 남아있네요 그 파동에 힘입어 주님의 은혜와 살아 있다는 감사함이 늘 아침 햇살과 함께 제 머리와 심장을 뛰게 합니다. 참으로 귀한 사역, 존귀한 사역에 기도를 드립니다.

　저는 몸이 매우 아픕니다. 건강하게 살던 제 인생은 몹쓸 병마와 싸운 지 3년이 되었고, 이제 그 병마와 협의를 봐야 하는 시기가 온 듯합니다.

　저 혼자 싸운 건 아니고요. 저희 남편, 저희 아이 그렇게 셋이 똘똘 뭉쳐 병마와 전쟁을 치렀습니다.

　'어떻게 이런 일이 나에게 일어날 수 있을까?'

　처음엔 하나님도 원망하고 저 자신도 원망하며 하루하루를 지옥처럼 살았는데요. 혼자 길을 걸으며 울고, 잠을 자다가 울고, 거울을 보며 화장을 고치다가도 참다못해 울어버렸습니다. 극단적인 선택의 마음도 불현듯 들었지만 잠자는 남편과 아이를 보고 그럴 수는 없었고요. 그저 방 안에 걸린 십자가 눈치를 보며 하루하루 고통을 참으며 살아왔습니다.

　기적⋯⋯. 기적⋯⋯. 처음엔 이 단어를 붙들고 기도를 하였지요.

　그렇게 용기를 내서 잘 버텨왔는데 이제 조용히 기적의 문을 닫아야 하는 순간이 온 것 같습니다. 병원에서 이제 날짜를 많이 주지 않네요. 참 열심히 용기 내서 버텨왔는데…….

그래도 저는 기적을 체험했습니다. 이렇게 3년 동안 가족들과 한팀이 되어서 싸워 왔으니 저는 이미 기적의 주인공이죠.

매일 매일 달력을 뜯으면 뭔가 삶의 무기력함에서 조금 이겨낼 거라는 우리 가족은 참으로 기적의 주인공이었습니다.

이제 2022년 달력을 제 손으로 다 뜯을 수 없을 거라 보이고 판단해 봅니다.

2023년도 달력도 제 손으로 뜯고 싶은데, 그러고 싶은데 행복은 여기까지인지도 모르겠네요…….

아니, 이제는 솔직히 하루하루 그 달력을 뜯기 싫어졌습니다. 한 장씩 뜯을 때마다 저는……. 네! 어딘가 모르게 아픕니다. 그냥 막…… 아픕니다.

그동안 저랑 살아준 내 가족들에게 작은 글솜씨로 편지를 쓸까 합니다. 소개해주시면 너무 큰 힘이 되겠습니다.

행복이 아빠!

안녕! 나예요. 당신 친구. 당신 와이프.

그동안 고생 많았어요. 철부지 나랑 살아줘서 정말 고마워요.

나 아프다고 했을 때 놀라지 않고 침착하게 나를 위로해 주고 병간호해주어서 고마웠어요. 참 힘들었을 텐데. 당신 참 멋진 남자였어요.

어느 날 나는 베란다에서 당신이 입을 틀어막고 숨어서 흐느끼면서 우는 것을 보았죠. 세탁기 돌아가는 소리를 믿고 당신은 거기서 소리를 내서 울었겠지요.

그리고 한 시간도 안 되어 당신은 내가 좋아하는 김치찜을 만들고, 남기면 혼난다고 소리를 지르며 나를 웃게 했죠.

서로 각자 방에서 한없이 울었을 텐데. 거실에 나온 우리 세 식구는 늘 웃음과 미소를 보여주었죠. 아마 주님도 각자 방에서 숨죽이고 기도하며 울부짖는 우리 가정의 모습을 한 화면에 보셨을 터…….

주님도 하늘에서 슬프지 않았을까요? 우리 집 천사도 그날은 울지 않았을까요?

그렇게 하루하루 뜯을 수 있는 달력을 내 방에 갖다 놓은 당신, 매일매일 뜯는 달력 덕분에 3년이라는 긴 세월을 소중하게 생각하고 행복하게 보낼 수 있었어요.

아마도 40년을 넘게 산 인생보다 근래에 3년이란 시간이 나에게는 하루하루가 너무나 행복하고 귀한 순간이었어요.

우리 행복이 이제 어른이 되는데 당신, 조금만 더 힘써서 잘 돌봐 주세요.

어느 날부터 당신이 음식도 만들고 청소도 하기 시작했고, 쓰레기 분리도 참 잘하기 시작했죠. 이구! 처음부터 좀 잘하지 그랬어요. ^^

이제 나 없이 잘 살아주고 행복이 잘 결혼시켜 주길요.

나 한복이 무척 잘 어울리는 여자인데, 아쉽네! 예쁜 한복 입어야 했는데. ^^ 고마웠어요. 행복이 아빠…….

행복아…….

행복아! 엄마야.

엄마가 미안하네! 엄마가 많이 미안하네! 아파서 너무 미안해.

엄마가 오랫동안 행복이랑 같이 있어 줘야 하는데 그럴 수 없을 것 같아 정말 미안해.

엄마는 행복이 어렸을 때 울다가 웃다가 엄마 품에 안겨서 잘 때가 많이 생각나네.

그 모습만 기억하며 또 기억 할게……. 엄마는 행복이보다 조금 높은 곳에서 행복이를 위해 기도하고 지켜볼게.

엄마랑 약속한 거 알지?

아프지 말고 건강하기.

아빠랑 싸우지 않고 잘 지내기.

신앙생활 잘하고 교회 빼먹지 않기.

믿음 좋고 맘 착한 여자랑 결혼하기.

돈보다는 삶의 의미를 향해 일하기.

어려운 사람 돌봐 주고 도와주기.

그리고 아빠……. 나중에 네 아빠 돌봐 주기.

엄마랑 약속 꼭 지키는 거 앉지 마라.

한 가지 더 있다면

엄마……. 이 엄마를 꼭 기억해줄래?

엄마 얼굴……. 엄마 목소리……. 잊지 말았으면……. 그래 주면 너무 좋겠다.

아들. 진심으로 고마웠다. 그리고 미안하다.

정민아! 사랑해. 영원히 사랑해.

브라보 마이 라이프! 이제는 좀 쉬려 했더니…

저는 서울시 광진구에 사는 유명희 권사입니다.

저는 6학년이고요. 지금은 은행에서 근무하다 퇴직하고 집에서 쉬고 있습니다.

저는 한 남자의 아내로, 교회 권사로, 은행에서 35년 근무하고 두 아들의 엄마로 정말 열심히 살았습니다. IMF를 버티고, 남편 뒷바라지를 하고, 두 아들 키우며 신앙을 잃지 않고 치열하게 산 것 같습니다.

남편과 퇴직한 지 이제 1년이 되었네요. 몸도 아프고 일을 하다가 집에서 쉬니 더 몸과 마음이 깔리는 것 같습니다.

요즘 큰 걱정거리가 있습니다. 저는 두 아들의 엄마인데 둘 다 결혼을 하고 아이를 하나씩 낳았습니다.

둘째 아들이 얼마 전에 찾아와서 이혼을 하겠다는 겁니다. 갑자기 무슨 말인지 자초지종을 들었는데, 별거한 지 1년 정도 되었고 마음속 정리를 부부가 이미 했다는 겁니다. 집안 행사나 가족 모임에도 별일 없이 참석했기에 저는 전혀 몰랐습니다.

며칠을 고민하다가 기도를 많이 했는데 요즘 이혼도 많이 하고, 성경에도 이혼에 관한 이야기도 있고 해서 목사님과도 상담을 하였습니다. 그래서 좀 마음이 정리되고 있는데 또 하나의 쓰나미 같은 숙제가 저에게 온 겁니다.

글쎄 제 아들 녀석이 이혼하면 자기 아들(초등학교 1학년입니다)을 저에게 맡기겠다는 겁니다.

평소에 보면 귀엽고 예쁜 내 새끼지만 이 아이를 맡아서 키우라고? 갑자기 눈앞이 깜깜해지는 겁니다. 평생을 일만 하고 가족을 위해 뒷바라지만 해온 저인데 늙어서 또 아이를 키워야 한다는 생각에 더 고민이 많습니다.

진행자님, 제가 이기적인가요? 여자란 이름으로, 엄마란 이름으로 평생을 살았는데……. 또 봉사해야 하는 게 맞나요?

아들 말로는 당분간만 맡아 달라고 하는데 말이 그렇지 그게 되겠습니까……. 제 남편이 더 얄밉습니다. 남편은 잘되었다고, 둘이 심심한데 아이가 오면 좋겠다고 하는 겁니다. 정말 화가 치밀어서 혼났습니다.

어찌 남자들은 자기만 알까요……. 평생 희생만 해온 여자들의 일생은 왜 그래야만 한다고 생각할까요…….

저도 제 인생의 계획이 있고 이제 좀 쉬고 싶은데 왜 이리 주변에서 도와주지 않을까요?

정말 답답해서 잠도 안 오고, 짜증도 나고, 화만 치밀어 오릅니다.

혼자 여행을 멀리 가고 싶습니다. 생각도 좀 하고, 기도도 하고, 그래서 남편한테 얘기했더니 한다는 얘기가 뭔지 아세요? 본인 밥과 빨래, 집 안 청소 걱정을 하고 있더라고요. 정말 남자 들이란……. 짜증납니다. 이런 상황에서 본인 밥걱정을 하다니요…….

　우연히 검색하다가 '밥 이야기'라는 제목이 특이해서 클릭하였습니다. 아마도 제가 밥 때문에 스트레스를 받았나 봅니다. 방송이 독특하고 내용이 시원하네요.

　혹시나 이 사연이 소개된다면 주님이 주시는 사인인 것으로 알고 혼자 여행을 가서 마음을 잘 정리하고 올까 합니다.

그때는 왜 그랬을까?

저는 개구쟁이 친구를 둔 경기도 광주에 사는 오 집사입니다.

제 친구 중에 정말 어릴 적 개구쟁이로 이름을 떨친 친구가 있는데요. 교회에서도, 학교에서도 아주 유명했거든요. 그 친구와 오래간만에 통화를 하다 보니 옛 생각이 나서 추억을 꺼내어 봅니다.

이 친구는 중학생 때 교회 목사님이 새로 부임해 오신 걸 알고 무슨 이유인지 무척 심란해하더라고요. 그리고는 목사님 가정을 무척 골탕 먹이려고 작전을 짜고 곧바로 실행에 옮겼죠. 장난 전화는 기본이고, 목사님이 키우는 강아지를 괴롭히고 때리기도 했어요. 심지어 씹던 풍선껌을 강아지 털에 붙여서 목사님의 온 식구가 날밤을 새우게 하기도 했습니다.

한번 상상해 보세요. 온 가족이 앉아서 강아지 털에 잔뜩 묻은 껌들을 밤새워 떼어내는 모습을요. 개도 울고, 목사님도 화가 나서 울고, 애들도 울고, 아무튼 동네가 시끄러웠답니다.

그러던 어느 날 사건이 터지고 말았습니다.

지역 목사님들이 사모님들과 이 교회에서 회의가 있었나 봅니다. 그리고 식사로 중국 음식을 시켜서 드셨습니다. 그리고 친구는 숨어서 기회를 엿봤지요. 이 친구는 자장면과 짬뽕……. 남은 음식물을 목사님과 사모님 구두에 부어 버렸습니다. 아주 정성껏 공평하게 분배를 정확히 하여 쏟았습니다. 그리고는 엄청 빠른 속도로 줄행랑을 쳤지요.

얼마 후 회의를 마치신 40여 명의 목사님과 사모님들은 본인 구두들을 보고 경악하며 인생 최대의 충격을 받으셨습니다. 다들 벙어리가 되셨지요. 그 시절 어떤 사모님은 구두가 한 켤레밖에 없다고 주저앉아서 우셨다고 합니다. 어쩔 수 없이 다들 교회 슬리퍼를 신고 집에들 가셨답니다.

그 광경을 상상해 보면 정말 1·4 후퇴 때 피난민들 같았습니다. 양복과 양장을 입고, 손에는 성경책을 들었는데 슬리퍼를 신고 40여 명이 교회를 나섰으니……. 출애굽 백성들보다 더 가여웠을 겁니다.

특별 검거 작전이 시작되고 옆 동네 만화 가계에서 만화를 보고 있던 개구쟁이는 검거되었습니다. 2시간도 안 되어 잡힌 제 친구는 정말 비 오는 날 먼지 나듯이 매를 맞았고, 친구 부모님은 동네 수제 구두점에서 그분들께 새 구두를 맞추어 주어야 했습니다. 물론 사례도 했겠지요.

그렇게 태풍 같은 시절이 지나고 나이가 들어 제가 물어봤습니다. 도대체 왜 그랬냐고…….

제 친구 말은 어릴 적에 아버지가 본인 돈을 들여서 교회를 건축 하셨답니다. 아마도 어린 나이에 그 교회가 자기 집처럼 생각되었나 봅니다. 그런데 갑자기 목사님이 새로 오시고 아버지는 목사님에게 모든 걸 위임하고 일상으로 돌아가셨으니, 아무래도 거기서 심통이 난 게지요.

지금은 왜 그랬는지 모르겠답니다. ㅎㅎ

그리고 세월이 흘러 50이 넘은 우리는 이제 중년이 되었네요.

어머니, 살아만 있어 주세요

전 3년 전에 한국에 온 김○○입니다.

저는 한국 음식을 굉장히 좋아합니다.

제가 살던 곳에서는 아이들을 가르치는 일을 했습니다.

여러 사연과 고민 끝에 저는 그곳을 떠나려고 수년을 준비했습니다.

제3국으로 건너가서 선교사님 도움을 받아 한국으로 오게 되었습니다. 처음에 산을 넘고, 강을 건너고, 보름을 밤에 이동하고, 낮에 자면서 제3국으로 넘어왔습니다. 배고프고 추웠지만 저는 죽을 각오를 하고 국경을 넘었습니다.

그러나 한국으로 오는 일은 생각보다 너무 힘들었습니다. 한국으로 보내준다는 말에 속아서 모아둔 돈을 사기도 당하고, 제3국 브로커들에게 인간적으로 몹쓸 말과 폭행도 당했습니다. 너무 힘들어서 정말 포기하고 싶었습니다.

그러던 어느 뜨거운 여름날, 한국 음식이 너무 먹고 싶어서 한인 교회에 식사하러 갔다가 저는 주님을 만났습니다. 밥 먹다가 주님을 만났냐고요? 네, 그렇습니다. 같이 식사를 하고, 교제를 나누고, 예배를 드리다가 주님을 만나게 되었습니다. 그분의 사랑을 알게 되고 저는 그분의 자녀가 되었습니다.

주님을 만나던 날, 그리고 한 달이 넘도록 저는 매일 울기만 했습니다. 그리고 두고 온 어머니와 가족 친척들 생각에 너무 슬펐습니다. 그리고 너무 미안했습니다. 가슴이 시꺼멓게 타들어 오는 것처럼 너무 아프고 아픕니다. 내 인생만 생각하고 고향을 떠난 저는 너무 이기적인 사람이었습니다. 두고 온 어머니를 한국에 오게 하려고 열심히 기도하며 일하고 있습니다.

어머니, 보세요.

어머니, 어머니…….

저예요. 어머니 아들……. 거기도 덥나요? 바람이 시원한 제 고향……. 거기도 여름이 시작되었나요?

거기 여름은 매미 소리가 크게 들리고 냇가에 목욕하는 아이들이 많은데……. 아직도 그런가요?

제가 뛰어놀던 그곳이 너무너무 그립습니다.

어머니가 여름마다 해주시는 냉면이 너무 먹고 싶습니다.

어머니 얼굴이 너무 생각나서 자다가 일어나 흐느끼다가 참지 못해 울음을 터트립니다.

어머니, 보고 싶습니다.

저 때문에 거기서 힘들지는 않나요? 저 때문에 더 고통스럽지는 않으신가요?

저는 행복하게 잘살고 있고 주님도 만났는데, 우리 어머니는 밥이나 잘 챙겨 드시는지…….

어머니, 미안합니다. 어머니, 정말 죄송합니다.

아무도 모르게 준비하고 몇 년 동안 준비했지요. 그리고 어머니를 떠나는 날 새벽…….

아직도 잊지 못하겠어요. 아니, 어찌 그날을 잊을 수가 있겠어요.

어머니는 새벽에 감자와 주먹밥을 제 손에 주셨지요.

한 번도 아침에 저에게 이런 걸 주신 적이 없었는데…….

그날을 어머니는 아신 게죠. 우리가 헤어진다는 것을……. 아들과 이별한다는 것을……. 어머니는 그날을 아신 게죠.

어머니께 큰절하고 싶었지만, 평소 출근하는 것처럼 그냥 다녀오겠다고 하고 어머니 손을 꼭 잡았죠. 마지막이 될지 모르니 어머니의 손을 기억하고 싶었지요.

어머니는 "일 없다. 빨리 가라." 저를 밀치시고…….

저는 마음이 급해 빠른 걸음으로 집을 나섰지요.

그리고 울면서 뒤를 돌아보았는데 어머니는 계속 서서 저만 바라보셨지요.

돌아볼 때마다 어머니 모습은 작아지고 저는 그렇게 어머니 가슴에 큰못을 박아버렸지요.

저도 울고, 어머니도 울고, 하늘도 울었을…….

어머니, 보고 싶습니다.

어머니, 정말 보고 싶습니다.

정말 그립습니다. 어머니.

저는 우리 어머니의 그 눈을 잊을 수가 없습니다.

어머니, 아프지 마시고 건강하세요.

어머니와 함께 살 수 있는 기적은 하나님만 하실 수 있다는 걸 압니다.

내래 기도하겠어요.

어머니, 건강하게 살아만 있어 주세요.

어머니, 사랑합니다.

자녀들아 주 안에서 너희 부모에게 순종하라 이것이 옳으니라 네 아버지와 어머니를 공경하라 ·이것은 약속이 있는 첫 계명이니 이로써 네가 잘되고 땅에서 장수하리라 (에베소서 6장 1절~3절)

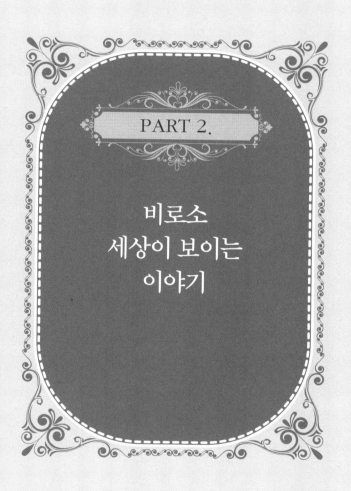

PART 2.

비로소
세상이 보이는
이야기

사위, 내 딸 생일은 11월 9일일세

저는 제주도에 사는 김 장로입니다. 65세이고요. 이번에 회사에서 정년퇴직했습니다. 예쁜 딸아이를 이번에 결혼시키는 대한민국의 자랑스러운 아빠입니다.

저는 푸르던 젊은 날에 양복점 집 막내딸인 사랑하는 사람과 결혼을 하고 예쁜 딸아이를 낳았습니다.

딸아이가 태어나는 날, 저는 너무 펑펑 울었습니다. 평생 그렇게 울어본 적은 없었을 겁니다. 정말 너무 기쁜 날이지만 너무 슬픈 날이었기 때문입니다.

제 딸아이 생일 11월 9일.

제 아내가 하늘나라에 간 날도 11월 9일.

네…… . 제 아내는 딸아이를 낳으며 숨을 거두었습니다. 의료진이 최선을 다했지만 제 아내는 사투 끝에 소중한 삶의 끈을 놓고 말았습니다.

눈을 감은 아내의 모습과 아무것도 모르고 웃는 아이의 모습이 같은 공간에서 같은 시간에 공존하는 그날은 제 가슴이 찢어지고 또 찢어지는 날이었던 것 같습니다.

그렇게 아내와 똑 닮은 딸아이와 둘이 살았습니다.

그때부터 저의 전업 주부 인생도 시작되었습니다. 어릴 적에는 유모가 도와주었고 일하는 분도 같이 살았지만, 너무 힘들었습니다……. 제가 집안일을 배워야 했습니다. 저는 음식도 잘하고 청소도 잘하고, 특히 아이 방 청소해 주는 게 전문입니다.

예쁜 눈이 엄마를 닮은 딸아이와 정말 행복하게 살았습니다.

때론 가슴 아프게 서로 싸우고 전쟁을 치르며 그렇게 치열한 인생을 살았습니다.

한번은 이 녀석 사춘기 때 너무 늦게 들어와서 엄청나게 혼냈는데요. 보름간 서로 말을 안 했습니다. 그 보름이 살면서 제일 괴롭고 힘들었던 순간이었습니다.

그렇게 많은 사연과 이야기를 뒤로 한 채 이제 우리 딸이 시집을 갑니다.

오랜만에 사진첩을 꺼내어 보았습니다. 한 장 한 장 넘기면서 우리 아이 커가는 모습이 화면처럼 지나가고 저는 조금씩 눈물이 흐르고 또 흐르네요.

일곱 살 되던 해에 엄마 산소에서 기도하는 아름이 모습을 보니 정말 감회가 새롭네요

이제 딸아이 인생에 주님의 축복이 가득하길 기도하고 축복합니다.

제가 편지 한 장을 마음을 담아 새로운 가족에게 보냅니다.

사위에게…….

이보게 청년. 고맙네. 내 아들이 되어 주어서…….

딸아이 잘 부탁하네! 우리 아이 불쌍한 아이니 잘 좀 보살펴주고 잘 좀 부탁드리네.

우리 아이는 매운 것을 못 먹네. 매운 것을 먹으면 땀을 흘리고 숨이 가빠오니 특별히 매운 것을 조심해 주면 좋을 걸세.

우리 아이는 여름에 찬 음료를 먹으면 안 되네. 반드시 설사하고 며칠 동안을 이불 속에 있을 걸세. 기억하시게.

우리 아이는 슬픈 영화나 드라마를 보면 적어도 2시간은 눈물을 멈추질 못하네. 그러니 항상 슬픈 드라마를 볼 때면 손수건이나 따뜻한 물 한잔을 준비해 주게.

우리 아이는 야구를 무지하게 좋아하네. 특히 라이온즈 팬이니 그 팀을 응원한다고 해야 가정이 편할 걸세.

우리 아이는 큰소리를 내는 것을 너무 무서워하네. 혹시나 부부 싸움을 하거나 다툴 때는 소리를 지르지 말고 자네가 조금 참고 편지나 문자로 얘기하면 그 녀석은 바로 풀릴 걸세.

우리 아이는 비가 많이 오거나 천둥이 치면 절대로 혼자 못 자고 아빠 방으로 뛰어오네. 이제 내가 없으니 자네가 꼭 같이 있어 주시게. 절대로 이런 날 귀신 이야기나 무서운 이야기를 하면 안 되네…….

우리 아이는 가락국수를 엄청나게 좋아하네. 그런데 달걀을 넣으면 비리다고 안 먹으니 그리 아시게.

우리 아이는 고등어 알레르기가 있으니 조심해 주시게. 고등어를 먹고 응급실을 여러 번 다녀왔네…….

우리 아이는 엄마 기일에는 반드시 산소에 가네. 11월 9일이네! 자기 생일이지만 슬픈 날이기도 하네. 케이크보다는 위로의 말과 기도가 필요한 날이네……. 꼭 기억해주시게.

우리 아이는 아빠를 무지하게 사랑하네.

아! 왜 이리 눈물이 날까. 갑자기 눈물이 쏟아지네. 미안하네. 미안하네…….

가끔 아빠를 보고 싶어 하는 것 같으면 자네가 우리 아이 좀 집에 보내 주게나.

우리 아이는 생각보다 모든 게 서투네. 자네가 사랑해 주고 또 사랑해 주시게.

이제 결혼식 날 아름이 손을 자네에게 주면 나를 꼭 한번 안아 주게나. 그리고 잠시만, 아주 잠시만 그대로 있어 주게나. 그럼……. 그럼……. 좋겠네.

제주도 이 집 마당의 작은 불을 언제나 켜놓을 걸세. 가끔 우리 아이가 힘들어하면 아빠에게 언제나 보내 주게나. 그럼 내가 우리 아이가 좋아하는 가락국수 한 그릇 끓여주고 함께 하룻밤 수다 떨겠네…….

이 사람아! 고맙네.

딸 부탁함세…….

사랑하는 자여 네 영혼이 잘됨 같이 네가 범사에 잘되고 강건하기를 내가 간구하노라 (요한 삼서 1장 2절)

우리 집 비밀번호 0925

저는 경기도 안성에 사는 유희원 집사입니다.

오늘은 제가 이사하는 날이에요. 드디어 작지만, 우리 집이 생긴 날이기도 해요. 주님께 감사드립니다.

저는 아빠랑 둘이 살아요.

어릴 적에 엄마는 돌아가시고 여섯 살 때부터 아빠랑 둘이 살았습니다.

너무 가난했지요. 회사 다니시던 아빠는 엄마 병을 고치시려고 많은 돈을 쓰셨고 설상가상 외삼촌 회사에 투자하신 돈이 다 없어졌으니까요.

그때부터 저희는 단칸방에서 살기 시작했습니다. 화장실도 공동으로 쓰고, 겨울에는 춥고, 여름에는 더워서 잠을 잘 수 없을 만큼 참 힘들게 살았네요.

보증금이 거의 없이 월세로 살았기에 참으로 이사를 자주 다녔습니다. 판자촌, 달동네, 반지하 방, 단칸방, 다락방, 문간방. 옥탑방. ㅠㅠ 정말 가난한 방을 다 살아봤습니다. 전기나 물이 끊기는 건 기본이고 덥거나 추울 때는 어

린 나이였지만 정말 사는 게 싫었습니다.

저희는 늘 자물쇠로 집을 잠그고 다녔습니다.

어린 저는 열쇠를 잃어버려 아빠한테 자주 혼났습니다.

그다음부터는 제 목에 열쇠 목걸이를 걸어 주셨습니다.

저요? 물론 엄청 창피해서 학교에 가기 싫었습니다. 선생님이 오시는 가정 방문도 무지 싫어했죠.

제 별명이 그때부터 '쇳대 목걸이'였습니다. 그때는 열쇠를 쇳대라고 불렀 거든요. 다른 집처럼 번호키 문을 열고 들어가는 게 소원이었는데…….

일 년에 한번 이사는 기본이고, 어느 해에는 일 년에 세 번 이사를 했습니다. 월세가 조금이라도 싸면 아빠는 이사를 하셨지요. 작은 리어카에 옷과 그릇들만 챙기고 전 어린 나이 때부터 리어카의 뒤를 밀어야만 했습니다.

학교는 매년 전학을 다니기 일쑤였고, 그래서 저는 학교 때 친구들이 거의 없습니다. 초등학교만 다섯 번을 옮겼으니까요.

아빠는 막노동이나 리어카로 장사를 하셨고, 저는 여고를 야간으로 다니며 열심히 살았습니다.

미션스쿨에서 주님을 만나고 저는 봉제 공장에서 열심히 일하고 또 일했습니다.

제 나이 이제 마흔이 넘었는데 저는 한 번도 구두를 신어본 적이 없습니다. 핸드백도 들어본 적이 없습니다. 그냥 얼굴에 로션 하나 바르고 늘 작업복에 청바지 그리고 운동화만 신고 정말 내 집 하나 장만하려고 열심히 살았습니다.

정말 매일 밤 울면서 기도했어요.

정말 열심히 하루 24시간을 쪼개서 일했습니다.

그리고 이제 드디어 작은 연립빌라가 생깁니다.

아빠의 생일 9월 25일을 생각해서 집 현관 비밀번호를 0925로 바꾸었습니다. 처음으로 열쇠에서 번호키로 바뀌는 순간이죠.

그런데 참 아이러니하게도 번호키를 다시 열쇠로 바꾸어야 해요.

아빠의 목에 걸린 열쇠 목걸이에 제 전화번호를 새겨서 걸어 두어야 합니다. 아빠가 작년부터 치매가 오셨기 때문입니다. 저는 알아보시지만 혼자 동네에 나가시지 못할 만큼, 집을 찾지 못하실 만큼 치매가 오셨습니다.

이사하는 날 눈물이 났습니다.

"아빠, 나 키우느라고 정말 고생 많으셨는데. 이제 작은 집이지만 우리 둘이 살 수 있는 집이 생겼는데. 아빠는 우리 집 번호키를 못 누르고 못 들어오잖아. 아빠 비밀번호가 0925인데. 아빠는 왜 그걸 못 눌러요……. 아빠, 진짜 속상해요. 아빠, 난 왜 이리 복이 지지리도 없어요."

아빠는 먼 산만 바라보고 그냥 웃으십니다.

제가 아빠를 붙잡고 펑펑 우는데 그 순간, 아빠가 저한테 하시는 말씀이 "희원아, 희원아! 나 라면 먹고 싶어." 하신다.

아빠 말에 전 또 눈물이 납니다.

그 순간, 어릴 적 라면 하나가 귀할 때 막노동 하시고 없는 돈에도 불구하고 라면을 주말마다 끓여 주시던 아빠의 뒷모습이 생각났습니다.

네, 맞습니다. 아빠는 나를 위해 희생하셨죠. 나를 위해 평생 고생하신 거죠.

아빠, 미안해요.

아빠, 고생 많았어요.

아빠, 고맙습니다.

진행자님, 저는 아빠랑 평생 행복하게 살 겁니다.

주님 부르시는 그날까지 그렇게 행복하게 살겠습니다.

저는 지금 라면 하나 끓이려 주방으로 향합니다.

아빠, 사랑해요.

어머니와 가락지

저는 이○○ 목사입니다. 서울 송파구에 살고 있어요. 30여 년 특수 목회를 하고, 지금은 은퇴하고 기관 사역을 돕고 있습니다.

오랫동안 교도소 봉사 일과 전도를 위한 사역을 해왔습니다. 많은 재소자를 만났습니다. 그들과 가슴을 열고 대화를 나누고 인생을 나누었습니다. 정말 수많은 일이 있었는데 가슴 아픈 사연이 떠올라 감동을 나누고자 노트북을 엽니다.

한 젊은 남자가 있었습니다. 이름보다 '무대포'라고 별명이 유명한 사람이었습니다. 어릴 적부터 아버지를 여의고 홀어머니와 몹시 가난하게 살았습니다. 교회에 다니기는 했지만, 너무 가난하고 먹을 것이 없어서 힘들게 살았습니다. 홀어머니는 바느질하고 남의 집 일을 도우며 아들을 열심히 키웠습니다.

그러다 새아버지를 만났는데 안타깝게도 크리스천이 아니었습니다. 술주

정뱅이에 폭력을 일삼는 거친 사내였습니다. 생활비를 주는 이유로 그랬을까요.? 하루가 멀다 하고 엄마를 때리고 아이를 때렸습니다. 술만 먹으면 안하무인이었습니다. 평상시에는 잘해주다가 술만 먹으면 괴수로 변해 아이와 엄마를 무척이나 괴롭히고 때렸습니다. 엄마는 매일 부엌에서 울고, 아들은 집에서 도망 나가기 일쑤였습니다.

아들은 자라면서 삐뚤기 시작했습니다. 그의 어머니는 매일 교회에 나와서 눈물로 기도했지만 어릴 적 본 대로 그랬을까요? 성인이 되자 기다렸다는 듯이 폭력과 범죄를 일삼기 시작했습니다. 아무리 엄마가 말려도 듣지 않았습니다. 작은 사고와 사건에 아들은 연루되기 시작했습니다.

결국에는 술주정뱅이 새아버지에게 해서는 안 될 폭력을 행사하고 말았습니다. 그리고 사회와 단절된 이곳에 오게 되어 오랫동안 있었습니다. 어머니는 매일 면회를 하러 갔지만, 아들은 만나주질 않았습니다.

세월이 흘러 병든 어머니는 숨을 거두었고 국가에서 아들에게 장례에 참석할 수 있게 시간을 주었습니다. 장례식에서 영정 사진을 본 아들은 그 자리에서 오열하기 시작했습니다. 그리고는 며칠을 그렇게 아무 말 없이 있다가 다시 그곳으로 가야만 했습니다.

시간이 흘러 저에게 작은 편지지 한 장을 줍니다. 그리고 부탁을 하네요.

어머니 계신 봉안당에 이 편지를 넣어 달라고……. 그리곤 한없이 눈물을 흘렸습니다.

어머니 전상서.

그리운 어머니. 나의 어머니…….

어머니 가슴이 찢어질 만큼 속상하셨죠? 머리가 터질 것만큼 괴로우셨죠?

어머니, 어머니 아들이 잘못했어요. 제가 정말 잘못 살았어요.

저도 너무 힘들고 괴로운 인생을 살다 보니 잘못된 인생을 선택했네요.

열 살 때인가? 어머니가 죽으려고 쥐약을 삼키는 걸 보고, 제가 울면서 말렸던 그날……. 그날부터 저는 괴수가 되었어요.

그리고 제 인생이 꼬이기 시작했는데 어머니, 용서하세요. 어머니, 잘못했어요.

어머니가 돌아가셨다고 전해 듣고 집으로 가던 날, 저는 처음으로 무섭다는 걸 느꼈어요. 너무 무섭고 떨려서 걸음을 걸을 수가 없었어요.

그리고 사진 속 어머니를 보자마자 저는 다리에 힘이 빠져 주저앉고 말았어요.

어머니, 이제 저 주님을 만났어요.

어머니, 천국에서 잘 계시죠? 어머니 좋아하는 동치미 국수 많이 들고 계신 거죠?

어머니, 아들이 여기서 목공일 자격증도 땄어요.

교회에도 나갑니다. 그리고 지난달에는 특송도 했어요.

어머니, 거기서 제가 보이나요?

이 못난 아들 얼굴이 거기서도 보이나요?

어머니, 어머니. 보고 싶습니다. 정말 그립고 또 그립습니다.

가슴 아프게 했던 이 못난 아들 용서하시고 용서해주세요.

어머니, 우리 다시 만나는 거 맞죠? 제가 천국에서 만나면 어머니께 꼭 하고 싶은게 있어요.

어머니 살면서 한 번도 껴보지 못했던 반지, 그거 하나 못해 드려서 너무 마음이 아프고 속상했어요.

제가 지난달에 돈을 모아서 가락지 하나 샀어요.

출소하면 제가 평생 끼고 어머니 그리워하며 살 거예요.

그리고 나중에 어머니께 꼭 끼워드릴 거예요.

어머니, 그립습니다.

어머니, 정말 사랑합니다.

또 아비들아 너희 자녀를 노엽게 하지 말고 오직 주의 교훈과 훈계로 양육하라
(에베소서 6장 4절)

저는 길림성에서 왔어요

저는 서울에 살고 있는 박○○입니다.

교회에 다닌 지는 2년 정도 되고, 한국에 온 지는 3년 정도 됩니다.

중국 교포입니다. 중국 길림성에서 왔습니다. 사람들은 조선족이라고 부르지요.

저희 부부는 한국에서 열심히 일하고 있습니다. 저희 부인은 천안의 마사지숍에서 관리사로 일하고 있고, 저는 신림동 양꼬치 집에서 불을 붙이는 일을 합니다.

일주일에 평일 하루 만나는 주말 부부입니다.

한국에 와서 고생을 많이 했습니다. 사람 때문에 마음의 상처를 많이 받았습니다. 비자 문제나 월셋집 구하는 문제 등등······. 사기를 많이 당하고 배신도 많이 당했습니다.

그래서 저희 부부는 절대로 사람을 믿지 않기로 했습니다. 한국 사람, 특히 서울 사람은 너무너무 싫었습니다.

그런데 어느 날, 동네 아주머니께서 저에게 너무 잘해주길래 저희 부부는 조심하자고 몇 번을 다짐했습니다.

이 아주머니는 교회에 아주 열심히 다니시는 권사님이셨습니다. 일주일에 한 번 우리 집에 와서 반찬도 해다 주시고, 이야기도 나누고 가고, 참 이상할 정도로 잘해주는 것이었습니다. 그리고 일요일은 못 쉬니까 수요일에 교회에 가자는 것이었습니다.

그 권사님의 행동에서 진정한 사랑이 느껴졌고 제 마음이 움직이기 시작했습니다. 그래서 못 이기는 척하고 교회에 갔는데 교회에 들어가자마자 눈물이 쏟아지는 것이었습니다. 이유도 모르겠고 사연도 없습니다. 그냥 눈물이 흐르는데 멈출 수가 없었습니다. 아마도 서러워서? 타국살이가 힘들어서? 그런 모양인 줄 알고 몇 번을 수요예배에 참석했습니다.

어느 예배시간에 찬송가 한 곡이 제 마음을 뒤흔들어 놓았습니다. 바로 '내일 일은 난 몰라요.'란 찬송이었습니다. 이 곡을 틀어 주시면 정말 고맙겠습니다.

남들은 설교 말씀에, 성경공부에, 기도에 주님을 영접했다고들 하는데, 저는 찬송 한 곡으로 주님을 영접하고 주님을 아버지라고 고백했습니다.

저는 그날 이후로 주님을 사랑하고, 이웃을 믿고 살기로 다짐했습니다.

아내가 인터넷에서 이 프로그램을 듣다가 재미있다고 사연을 보내보라고 해서 보냅니다.

제 차 번호는 2566입니다

저는 충남 천안에 사는 '행복 전도사' 김춘길이라고 합니다.

행복 전도사가 뭐냐고요? 말 그대로 행복을 주는 사역을 위해 살고 있는 평범한 50대 가장입니다.

저는 목사님이나 전도사님이 아닌 평신도인데요. 어쩌다 보니 행복 전도사가 되었습니다.

제 사연은 이렇습니다.

중학교 때인 1980년에 광주에 살았고요. 당시 대학생이었던 큰형을 5·18 광주민주화운동 때 잃었습니다. 다들 기억하시겠지만 참 비극적인 일이 있었던 죽음의 도시였고 비극의 세월이었습니다.

어린 나이에 저는 큰 충격을 받았고 시장에서 채소를 파시던 저희 어머니께서는 그 충격으로 병을 얻어 아프시다가 3년 만에 돌아가셨습니다. 우리 집은 가세가 기울었고, 저는 무척 어려운 학창시절, 힘든 청소년 시절을 보냈습니다.

그리고 고등학교 3학년 때 친구의 권유로 교회에 다니게 되었고 1년 동안은 매일 교회 가서 울었던 기억이 납니다. 주님을 만나고 영접한 후에 저는 대학을 가지 않고 일을 시작했습니다. 그리고 돈을 모아서 1톤 트럭을 할부로 사서 채소 장사를 하기 시작했습니다. 전국을 돌아다니면서 채소와 과일을 팝니다. 영업을 위해 녹음을 해서 큰 확성기에 과일과 채소를 판다고 방송을 합니다.

그렇게 10년을 돌아다니다가 어느 날부터는 확성기에 과일이나 채소 방송을 하지 않고 복음 성가를 틀기 시작했습니다. 처음엔 찬송가만 계속 나오니까 좀 어색했는데 오랫동안 다니다 보니까 이젠 익숙합니다. 물론 시끄럽다고 하는 분도 계셨지만, 격려를 해주시는 분도 있었습니다.

그리고 채소와 과일을 파는 차가 아니고 복음 성가를 틀고 다니는 차로 소문이 나기 시작했습니다. 항상 "행복하세요. 주님 믿고 행복하세요." 하고 외치며 인사하며 다닙니다.

이렇게 10년을 다닌다보니 오히려 제가 행복한 사람이 되었습니다. 만나는 사람마다 "행복해지자. 행복할 거다. 행복하세요."라고 얘기하며 쉬지 않고 다니다 보니 오히려 제가 매사에 행복한 사람이 된 듯합니다.

2566. 제 차 번호입니다. 지나가다 혹시 제 차를 보면 아는 척해주심 정말 감사할 겁니다.

여러분, 행복은 멀리 있지 않습니다. 주님을 믿고 의지하고 행복하게 지내라고 계속 얘기하고 말하고 외치면 저절로 행복해집니다.

카스텔라와 흰 우유

저는 경상남도 양산 시골에 살고 있는 김순이입니다.

오래전 돌아가신 부모님 생각이 나서 부족한 글솜씨로 사연을 보냅니다.

그간 부모님을 솔직히 까맣게 잊고 산 것 같습니다.

부모님이 조금 창피하고 부끄러워서 그랬는지 저는 사람들에게 부모님 얘기를 잘 안 했습니다.

저는 1953년생입니다. 이제 할머니가 되었습니다. 어린 나이에 시집을 가서 두 아이를 낳고 지금은 두 손녀를 선물로 받은 할머니가 되었네요.

저는 어릴 적 기억을 지우고 싶을 만큼 우울하게 살았습니다.

엄마는 키가 아주 작았습니다. 140 정도 되는 키에 약간 언어 장애인이었고 서커스단에서 일했습니다. 저희 엄마는 공과 통을 굴리고 마루에서 공중회전을 하고 뛰어다니며 손님들에게 박수를 받았습니다.

저는 아버지가 누군지 모릅니다. 한 번도 보지 못했습니다. 거기서 태어났고 거기서 자랐습니다. 학교도 제대로 가지 못하고, 거기서 한글을 배우고, 허드렛일을 하며 서커스단에서 살았습니다. 거기에 있는 많은 아저씨가 아빠 같았습니다. 다들 귀여워해 주셨지요.

한 달에 한 번씩 전국을 돌아다녔습니다. 매일매일 엄마가 뛰어다니고, 공을 굴리고, 저는 천막 구석에 앉아 서커스를 보았습니다.

일요일은 천막에서 예배를 드리던 기억도 어렴풋하게 납니다.

가끔은 서커스 단장 아저씨한테 엄마가 맞았습니다.

엄마랑 자는데 가끔은 엄마가 소리 내며 울었습니다. 저는 혼날까 봐 자는 척하며 같이 울었습니다. 그런 날이면 너무 겁이 나서 몰래 나가 동물들이 자는 곳에 가서 숨어서 울면서 잠이 들었습니다. 밤새 울었습니다.

그렇게 그렇게 열두 살이 되었습니다.

그해 막 겨울이 시작하려던 어느 날, 엄마는 무슨 일인지 아침에 제가 좋아하는 빵과 우유를 두 개나 주시고 돈을 손에 쥐여주셨습니다. 그리고 저를 말없이 쳐다보셨습니다.

엄마는…… 우리 엄마는…… 그날 스스로 목숨을 끊으셨습니다.

공중에 매달린 엄마를 보면서 저는 그길로 그 천막을 뛰어나갔습니다. 그리고 무조건 서울 가는 기차를 탔습니다. 그렇게 고아원을 돌면서 저는 어른이 되었습니다.

어릴 적 기억은 지우고 싶었고 친구들이나 사람들에게 한 번도 얘기하지 않았습니다. 저 자신이 기억 자체를 하고 싶지 않은 것이었죠. 그렇게 평범하게 살다가 지금의 남편을 만나 주님을 만나게 되었습니다.

저는 지금도 빵과 흰 우유를 먹지 않습니다. 그리고 텔레비전에서 가끔 옛날 서커스 장면이 나오면 저는 꺼버립니다.

그렇게 기억을 버리고 살아온 제게 올여름 큰 충격적인 일이 있었습니다.

제 큰손녀가 초등학생인데 갑자기 학교 운동부에 들어간다는 거였습니다.

무슨 운동이냐고 물어봤더니 체조를 시킨다는 겁니다. 타고난 운동 신경이 뛰어나답니다. 그래서 제가 학교에 갔는데 손녀가 너무 유연하게 체조를 하고 있었습니다. 저는 그날 엄마가……. 우리 엄마가 갑자기 생각이 났습니다. 기억 저편에 꼭꼭 숨겨 놓은 엄마. 난 아이들과 남편에게 엄마 없이 고아로 살았다고 했는데……. 우리 엄마가 생각이 났습니다.

엄마…….

살면서 제일 고통스러웠던 순간이 바로 지금인 것 같아요. 숨이 안 쉬어지네!

엄마, 내가 어떻게 살아왔는지 알아? 얼마나 힘들게 살아왔는지……. 수백 번을 죽고 싶었는데…….

엄마, 하늘에선 잘 있는 거지? 불쌍한 우리 엄마.

엄마, 미안해요. 죄송해요. 엄마를 마음에서, 가슴에서 지워버리고 살았어요…….

매일 욕을 먹으며, 때론 매를 맞으며 공을 굴리던 엄마.

카스텔라와 흰 우유를 매일매일 주시면서, 발음도 시원치 않으면서…….

나한테 매일매일 뭐라고 속삭였던 엄마. 내가 무슨 말이냐고, 못 알아듣겠다고, 소리를 지르고 화를 내면서 엄마를 밀쳐냈었지요.

엄마가 너무 창피했어…….

엄마가 너무 싫었어요…….

엄마, 우리 손녀가 운동한다네. 나도 우리 딸도 운동 신경이 정말 없는데 왜 이리 체조를 잘하는 걸까…….

엄마 닮은 거야? 엄마가 진짜 몸이 빨랐는데…….

엄마, 정말 정말 사죄드려요.

내가 서커스단을 도망쳐 나온 1965년 12월 1일. 내가 가장 슬펐던 날이기도 하죠.

엄마를 떠나보낸 날이었으니까요. 엄마의 마지막 모습은 어린 저에게 너무 큰 충격이었어요.

사진 한 장도 남기지 못하고 먼 길을 떠난 불쌍한 우리 엄마.

나 사실 엄마 얼굴이 잘 기억이 안 나요. 아니, 잊어버리려고 많이 노력했을 거예요.

엄마 나……. 엄마 이름도 기억이 안 나요.

엄마, 정말 죄송해요……. 정말 미안해요…….

이제 엄마 추모 예배를 드리며 살아갈 거예요.

살면서 마음껏 불러보지 못했던 그 이름, 엄마.

엄마가 매일 저녁 자기 전에 나한테 했던 말, 사실 나 다 알아들었어요.

엄마……. 엄마……. 나도 사랑해요…….

나의 영혼아 잠잠히 하나님만 바라라 무릇 나의 소망이 그로부터 나오는도다
(시편 62장 5절)

엄마에게 쓰는 마지막 편지

저는 서울에 사는 김인재라고 합니다.

두 아이의 엄마이고요. 나이는 50대 중반이고 송탄이 친정이랍니다.

제 친정엄마는 이번에 암 판정을 받으시고 많이 아프십니다. 제가 살면서 한 번도 엄마에게 편지나 깊은 대화를 못 나누었습니다.

이제 아프시니 뒤늦게 철이 들었나 봅니다. 엄마에게 죄송스럽고 미안해서 숨 쉬는 게 너무 힘듭니다.

이제 저는 엄마랑 같이 있을 시간이 얼마 남지 않았다는 것을 잘 알고 있습니다. 매일 투정만 부리고 힘들게 속만 썩였던 외동딸……. 이제 엄마와 헤어져야 하는 연습을 해야 하니 너무 힘듭니다.

일주일에 한 번씩 송탄을 내려가는데 내려가서 손잡고 다정히 말 한번 못 건네는 나쁜 딸입니다. 제 성격이 원래 표현도 못 하고 제가 못돼서 엄마에게 죄송할 뿐입니다.

이제 그런 제가 엄마에게 처음이자 마지막 편지를 띄울까 합니다.

　사랑하는 엄마에게.

　내 나이 53세가 되어서 이제야 처음으로, 아니면 마지막으로 엄마에게 편지를 쓰며 죄송함을 전합니다.

　어릴 때부터 엄마 자신이 못 배우신 한으로, 악착같이 검소하게 생활하시면서도 절 신학대학을 졸업시키신 고마운 엄마.

　중학교 때 교회에 가지 말라고 엄마는 성경책을 숨기시고, 전 몰래 도망쳐서 교회에 다니다가 걸려서 무지 혼난 기억이 나네요.

　그리고 허리디스크 수술을 두 번이나 받은 저 때문에 항상 마음 아프시고 지금도 정상인 생활이 힘든 모습 보시며 많이 우셨을 엄마.

　근데 그런 엄마가 위암 말기 3개월 시한부 선고를 받으시고 오늘 항암 9차를 받으시네요.

　행복하지 못한 저 때문에 스트레스를 많이 받으셔서 그런 모진 병에 걸리신 게 아닌가 죄송하고 고통스러워요, 엄마.

　이제 해드리고 싶은데 엄마가 아프셔서 제가 해드릴 수 없는 게 제일 맘이 아파요.

　엄마, 사랑하는 엄마. 때로는 엄마의 강한 성격 탓에 엄마를 원망하기도 했고 미워하기도 했어요. 그래도 엄마 안 돌아가셨으면 좋겠어요.

　그래도 엄마가 있는 게 저한테는 좋은걸요. 나 엄마 없으면 하루도 못살 것 같아요. 엄마 조금 더 건강히 내 곁에 있어 주면 안 되나요?

　엄마 딸로 태어나게 해주셔서 감사하고, 고생하시면서 키워주신 거 존경해요.

부디 인재가 건강하고 효도 많이 해드릴 테니 오래 사셔서 저 행복한 모습 꼭 보세요.

제발 꼭 완쾌하세요, 엄마.

주님. 꼭 울 이쁜 엄마 꼭 쾌유하시게 기도드립니다. 그럴 수만 있다면 제가 뭐든지 할 수 있을 것 같아요. 주님.

제가 신학을 전공하고도 사역하지 않고 주님께 약속을 못 지킨 것도 회개합니다. 주님. 잘못했습니다.

이제 50대 중반이라도 문화 사역과 돌봄의 봉사 사역이라도 남은 인생 헌신하고 싶습니다.

사랑해 엄마……. 꼭꼭 건강하게 오랫동안 내 옆에 있어 주세요.

엄마. 이게 마지막 편지가 되더라도 꼭 하고 싶은 말은 엄마……. 엄마……. 미안했어요……. 감사했어요……. 사랑합니다.

내 안에 너 있다

하나님께서 아담을 깊이 잠들게 하신 후에 갈빗대를 취하여 여자를 만드시고……. 하나님께서 나를 깊이 잠들게 하신 후에 콩팥을 취하여 아내에게 주시고……. 새로운 생명을 주셨나니 이 얼마나 감사하고 기쁘지 아니한가…….

제 이름은 김주호입니다. 올해 쉰넷이고요. 제 아내는 쉰하나입니다. 저희는 서울 잠실의 새한교회에서 신앙생활을 하고 있습니다.

제가 스물네 살에 집사람을 처음 만나 3년 연애하고, 스물일곱 살에 결혼하고, 이제 큰애가 스물일곱 살이 되었네요.

아내가 갑자기 몸이 아파 병원에 갔습니다. 담당 의사가 만성 심부전증이니 당장 수술해서 복막투석을 시작해야 한다고 했습니다. 그때 둘이 붙들고 한없이 울었던 기억이 나네요.

내 콩팥을 기증할 테니 이식 수술을 해달라고 했지요. 의사 선생님께서는 처음부터 이식하는 거 아니라고 딱 잘라 말씀하시더라고요.

그래서 그런가 보다 하고 수술하고, 복막투석하고, 10년이 넘었네요.

정확하게는 모르겠지만 바로 이식하면 귀중한 장기를 함부로 쓰게 되는 거라고 하네요.

관리 철저하게 하고 뇌사자 이식을 기다리면서 그렇게 세월을 보냈습니다. 저도 몸으로 먹고살아야 하는지라 이식해준다는 생각을 잊고 살았습니다.

기증자는 나타나지 않고, 아내 몸은 점점 약해서 응급실에 실려 가기 일쑤였고, 의지도 점점 희미해져 갔습니다. 당신과 애들만 없으면 그냥 이대로 가도 더 좋을 거 같다고 말했습니다.

얼마나 눈물이 나던지요. 그리고 한번은 응급차를 불러두고 계단을 내려가는데 갑자기 아내가 힘을 못 쓰고 주저 앉아버리더라고요. 아차 하는 생각이 머리를 확 스쳐 가면서 이러다 아내를 놓칠 수 있겠다는 생각에 두말없이 "여보! 내 콩팥 떼줄 테니 힘내."라고 했습니다. 아내 얼굴이 환하게 피어나는 걸 보았습니다.

내가 왜 진작 준다고 하지 않았을까? '몸뚱어리'를 굴려서 먹고 살아야 한다는 핑계로 미뤄왔는데 좀 더 일찍 줬더라면 아내가 덜 고생했을 텐데……. 막연히 뇌사자가 나올 때까지 기다리고만 있었다니……. 후회가 밀려왔습니다.

내가 고생시켜서 이렇게 되었는데 내가 책임을 다하지 못해 미안했습니다.

담당 의사와 상담하고 검사결과가 좋게 나왔을 때 아내가 얼마나 기뻐하던지요.

수술 당일이 되어 침대에 누워 마취를 시작할 때 '아담에게 갈비뼈를 취하실 때 고통을 덜어주기 위해 깊이 잠들게 하신 하나님께서 내가 덜 아프게 잠들게 해주시는구나. 이제 한숨 자고 나면 다 잘되어있을 거야~.'라며 안도했습니다. 나를 위해 그리고 우리 부부를 위해 기도해 주시는 교회 집사님, 권사님, 장로님들의 기도 소리가 쟁쟁히 들려올 때 나도 모르게 기차길옆 오막살이 아기가 잠들 듯이 깊이 잠들었다가 깨어났습니다.

　이제는 수술한 지 두 달이 되어서 저는 거의 완치가 되었고, 아내는 아직 적응하느라 힘든 시기를 보내고 있습니다.

　제 사연이 방송된다면 먼저 잠실동의 새한교회 담임목사님과 사모님, 마음 써주시고 기도해주셔서 정말 감사합니다. 부모님이 계시지 않아서 받지 못한 사랑 두 분한테 듬뿍 받았습니다.

　그리고 장로님, 권사님, 집사님, 너무너무 감사합니다. 기도해주시고 응원해주시고 왜 그리 격려금도 많이 챙겨주시는지요. 제가 어떻게 다 갚으라고요.

　처음엔 "맹장 수술하러 간다고, 몇 주간 교회 빠질 거라고, 안 보이면 요양하는 줄 아세요."라고 거짓말을 했는데 어떻게 아셨는지 수술하러 가기 전날 누군가 제 주머니에 찔러 주던 봉투 하나가 저를 목메어 울게 했습니다. 내가 해준 게 없는데 왜 이리도 많은 사랑을 주시는지요. 내가 베풀지 못해 받을 자격도 없는데…….

　사랑의 빚은 지는 거라고요. 그래요. 건강하게 사는 모습 보여드리는 게 그분들께 보답하는 길인걸요. 염치없지만 감사히 받고 소중하게 간직하겠습니다.

　새한교회 안수집사회, 시온찬양대, 새한교회 족구부, 새한교회 탁구부, 남전도회, 권사회, 정말 정말 감사합니다.

　마지막으로 고생한 제 아내한테 일찍 떼어주지 못해서 미안했고, 가진 것 없는 나한테 결혼해줘서 고맙고, 주님 앞에 가는 날까지 꼬부랑 할아버지 할머니 될 때까지 알콩달콩 재미나게 살자! 여보……

　믿음 안에서 우리 새한 가족을 만나게 해주신 하나님께 감사드리고 영광 올려드립니다. 할렐루야!

한국행 티켓

저는 50대 김바울 선교사입니다. 가명입니다.

10년 동안 A라는 나라에서 선교사 일을 마치고 안식년과 코로나로 인해 작년 말 한국에 돌아왔습니다.

이곳에서 정말 열심히 주님의 복음을 전하고 따뜻한 사랑을 나누었습니다.

종교가 다르므로 비밀리에 예배를 드렸고 숨죽이며 복음을 전했습니다.

그렇게 고생 끝에 제가 사는 35구역에 50명이 넘는 크리스천들이 생겨나기 시작했습니다. 정말 기적 같은 일이 벌어지고 주님의 사랑과 소망이 이 땅에도 시작되었습니다.

저희 부부가 거기서 일할 때 저희 사역을 도왔던 두 부부와 아이들이 있었습니다. 현지 사람입니다. 문화원에서 일했던 그들은 주님을 영접하고 저희 일을 정말 열심히 도왔습니다.

지역 특성상 현지인들이 도와주지 않으면 선교 일을 할 수 없는 상황이었기에 저희는 이 가족을 의지했고 사랑했습니다. 형제처럼 너무나 잘 지냈고 너무나 감사한 하루하루였습니다.

간혹 전쟁을 치르는 나라였기에 종교문제로 이 부부는 감시를 당했고, 사회의 불이익을 당하기도 했습니다. 가끔 강도 높은 조사를 받거나 여러 가지 이유로 트집을 잡을 때마다 이 부부는 정말 주님의 믿음을 끝까지 지켰습니다.

혹여나 이들이 고발을 하면 저희 부부나 선교회는 말도 안 되는 고통을 받고 추방을 당할 것이 분명했기에 저희는 살얼음판을 걷는 심정으로 10여 년을 보냈습니다.

그리고 작년부터 그곳에 문제가 생겼습니다. 정부군과 종교 세력 간의 전쟁 그리고 쿠데타……. 그러던 중 얼마 전 일이 벌어지고 말았습니다.

저는 이 부부 가족을 한국으로 오게 하려고 백방으로 수소문하며 협력을 구했습니다. 이들의 노력과 수고를 누구보다 더 잘 아는 선교회였기에 빠르게 일이 진행되었습니다.

그런데 임시 비자나 단기 비자를 거의 확정 지으려는 순간, 일이 터지고 말았습니다. 혹시나 하는 마음에 한국으로 돌아오는 명단을 확인했지만 안타깝게도 없었습니다. 우리 부부는 소식을 듣고 그 자리에 주저앉아 울었습니다. 정말 온종일 울었습니다. 그리고 절규하며 기도했습니다.

"하나님, 그 부부와 가족을 지켜주세요. 그 가정을 살려 주세요."

제가 한국으로 나오기 전 마지막 식사 자리에서 그 친구와 대화를 나누었습니다.

"선교사님, 그동안 고생 많으셨어요. 일 년 한국에서 푹 쉬고 오세요. 그런데 요즘 심상치가 않아서 혹시 우리가……. 음. 우리가 못 만나게 되면…….."

그리고 그 친구는 울음을 터트렸습니다.

"음……. 못 만나게 되면…….."

그 친구는 계속 울기 시작했습니다.

"음……. 정말 우리가 못 만나면 꼭 천국에서 다시 만나요. 거기엔 피부색이 달라도, 언어가 달라도 우리 행복하게 살 수 있을 거예요."

그리고 그 집 아이들이 제게 달려와 안겼습니다. 저는 참았던 눈물을 흘리고 말았습니다.

그리고 제 손에 우리가 함께 찍은 사진과 자기가 걸고 있던 목걸이를 제게 주었습니다.

저는 무슨 소리냐고, 걱정하지 말라고, 혹시나 이 나라에 무슨 일이 생기면 내가 반드시 너희 가족을 한국에 데려올 거라고 약속을 했습니다.

저는 약속을 지키지 못했습니다.

네, 저는 약속을 지키지 못했습니다.

하나님께서 그들을 지켜주실 거라 믿고 매일 눈물의 기도를 하고 있습니다.

"내 형제여, 내가 어찌 잊겠소……. 그대가 10여 년 나를 돕고 선교회를 도운 인생을……. 그대는 목숨을 걸고 가족을 걸고 주님과 복음을 위해 인생을 걸었소. 주님도 아시니 그대 가정을 지켜주시고 축복과 평화가 있기를 기도합니다. 혹여 말 못 할 고통과 아픔이 찾아오면 나 또한 여기서 가슴이 아프고 고통이 있을 것입니다. 똑같이 고통과 아픔을 나누어 달라고 기도합니다. 혹시나 아프지 않을까? 고통이 심하지는 않을까? 어떤 방법이든 여기서 내가 고통의 반을 받으면, 그대가 조금이라도 가벼워진다면 내 그렇게 하겠소. 내가 그대의 고통을 주님의 이름으로 나누리라. 너무 보고 싶고 그립소. 우리가 언제 만날 수 있을지는 모르지만 내가 가슴이 너무 먹먹하고 찢어져서 아프오. 참 많이 아프오. 참 고생 많았소. 참 수고 많았소. 형제여, 내가 미안하오. 내가 정말 미안하오. 그리고 진심으로 주님의 이름으로 사랑하오. 형제여, 미안하오."

배둘레햄

저는 김보라 사모입니다. 충청도 작은 마을에서 농촌 교회를 하고 있는 개척교회 목사의 아내입니다.

저희 남편 이름과 교회 이름을 말씀 못 드려서 죄송해요. 저도 가명입니다.^^

이 방송 13회부터 계속 듣고 있습니다. 지난번 '마지막 편지'편을 듣고 얼마나 울었던지요…….

친정엄마에게 저도 전화를 드려서 "죄송하다."고 "사랑한다고." 고백 드렸습니다.

정말 감사한 시간이었어요. 감사합니다.

진행자님, 저희 남편, 아니 저희 목사님은 착한 사람입니다. 그래서 결혼도 했고요. 사역도 돕고 있습니다.

그런데 저희 남편 단점은 사람들이 부탁하면 거절을 잘 못 합니다. 직장에

물건을 팔러오는 영업사원들 물건도 거절 못 하고. 보험도 잘 거절 못 하고. 너무 사람이 좋아서 거절을 못 합니다. 너무 오랜 시간 이런 습관이 그 사람 삶의 문화가 될 것 같아서 제가 오랫동안 속상해하다가 큰맘 먹고 폭탄선언을 하기도 했습니다.

"당신, 너무 사람들 말에 거절도 못 하고 매일 매 순간 'YES맨'이니 너무 힘들어요……. 나는 당신 아내로 살 수 없을 것 같아. 나랑 이혼해줘요. 설마 이것도 거절 못 하겠지?"

빨리 이혼하자고 남편에게 몰아붙였습니다. 물론 제 마음은 그렇지 않았지만요……. 그런데 남편이 아무 말도 하지 않는 거였습니다. 순간 제 마음이 불안했습니다.

거절 못 하고 "그래, 알겠어." 하면 어쩌지? 저는 가슴이 콩알만 해졌습니다. 그런데 갑자기 남편이 울기 시작했습니다. 어린아이처럼 소리 내서 한참을 울더라고요……. 이러다 큰일 날 것 같아서 제가 아니라고 화가 나서 그냥 한 소리라고 말해버리고 남편을 안정시켰습니다.

요즘 제 고민은 남편의 뱃살입니다. 거의 베들레헴이 아니고 '배둘레헴'입니다. 허리가 40인치 나가고, 몸무게가 95kg 정도 나갑니다. 이유는 농촌 교회라 심방을 가면 어르신들이 그렇게 먹을 것을 내놓으십니다. 거절하지 못하고 주는 음식이나 간식을 다 드십니다. 정말 미치고 팔짝 뛰겠습니다.

제가 뭐라고 하면 저희 남편은 "요즘 코로나 때문에 교회도 못 오시는데 내가 가서 예배라도 드려드려야지……. 안 그래? 그리고 정성을 다해 주시는 음식을 어떻게 안 먹어?" 그러면서 허허 웃고 맙니다.

"당신 건강 때문에 그러지!"라고 아무리 이야기를 해도 그냥 웃고 맙니다.

저희 목사님 건강이 너무 걱정됩니다. 어떻게 방법이 없을까요, 진행자님?

'밥 이야기'라는 프로그램 제목이 특이하기도 하고 남편 생각이 나서 들어와서 듣기 시작한 지가 몇 달 되었네요. 기도해주시고 좋은 의견도 주세요.

그리고 이번 방송에 사연을 보낸 이유는 남편 잘 때 귀에다가 이 사연을 들려주고 충격 메시지를 주고 싶어서입니다.

아, 그리고 저희는 식사권 안 주셔도 됩니다. 이유는 아시죠? ^^

마리아의 하루

저는 경기도 성남에 사는 김마리아라고 합니다.

나이는 32세이고 아직 미혼입니다. 아! 우리 엄마는 노처녀라고 합니다. ㅎㅎ

며칠 전에 있었던 재수 없었던 날을 이야기할까 합니다. 그날은 종일 재수가 없었던 날이었습니다.

무슨 말이냐고요?

그날은 8월 10일 월요일 아침, 일찍 출근해서 회의해야 하는 날인데 좀 늦잠을 잤습니다. 일어나자마자 너무 놀랐습니다. 시간이 8시인 겁니다. 회의는 8시 30분인데…….

엄마는 안 계시고(등산 다니심) 너무 깜짝 놀라서 화장도 못 하고, 세수만 하고 헐레벌떡 집을 나서서 버스 정류장으로 뛰어가는데 아뿔싸!

제가 슬리퍼를 신고 뛰고 있더라고요. 그래서 다시 집으로 가서 신발을 갈 아신고 이번에는 택시 정류장으로 뛰었습니다.

택시는 왜 이리 안 잡히던지 간신히 택시를 탔는데 기사님이 합승을 해야겠다는 겁니다. 짜증이 엄청 났지만 참고 아무 말 안 했습니다.

그런데 택시에는 동남아 아저씨들로 보이는 외국인 노동자들 두 명이 탔는데 마스크도 안 쓰고 막 자기네 나라말로 떠드는 겁니다(쌀라쌀라. ㅎㅎ). 너무 짜증이 나서 미치는 줄 알았습니다.

겨우 회사에 도착해서 30분 지각으로 회의실에 들어갔는데 '오 마이 갓!' 오늘 회의 취소라는 겁니다. 아침에 밴드에 공지했다나요. 너무 바빠서 미처 보지 못했던 겁니다.

힘없이 탕비실에서 커피 한잔을 타다가 커피를 옷에 조금 쏟았습니다. 와! 완전 멘붕이 오더라고요.

그리고 그날따라 팀장님이 엄청나게 잔소리를 해대시고요. 부하직원들도 왜 이리 행동들이 느린지요. 정말 미치는 줄 알았습니다.

점심시간에 밥먹으러 구내식당에 갔는데 제가 제일 싫어하는 카레가 나와서 밥을 김치만 해서 먹었고요.

오후에 오랜만에 친구한테서 카톡이 와서 머리도 식힐 겸 반갑게 통화하러 나갔는데, 결혼한답니다. 다다음 달에…… 그것도 제가 어릴 적부터 평소에 혼자 좋아하던 교회 오빠랑요. 오 마이 갓!

그래서 축하한다고 전화를 끊고 사무실에 앉아있는데 너무 졸리더라고요. 그래서 잠시 졸았는데 어머나! 회사 상무님이 사무실을 지나시면서 기침을 하시는 겁니다. ㅠㅠㅠ 오늘은 정말 뭐가 안되는 날이네요.

그리고 배도 고프고 힘이 없어 어김없이 '칼퇴근'하려는데 과장님이 "우리 마리아 씨는 집에서 칼국수를 숨겨뒀나? 퇴근은 칼이야." 하시는 겁니다. ㅠㅠ

아, 그리고 집에 돌아오는 버스에서 졸았습니다. 그담에는 예상되시지요? 진행자님. 아니 언니. 어떻게 해요. 저 종점까지 가버렸습니다.

집에 돌아와 현관문을 열려고 하는데 왜 갑자기 비밀번호가 생각이 안 날까요. 몇 번을 다시 하다 열었는데 엄마가 식탁에 된장찌개와 제가 제일 좋아하는 고등어구이 밥 한 상을 예쁘게 차려놓으셨습니다. 보자마자 그냥 펑펑 울어버렸습니다. 엄마는 왜 그러냐고 물어보지도 않으십니다.

잠자기 전에 기도하면서 사연을 보냅니다.

오늘 제가 보낸 짜증 나는 하루는 누군가에게는 하루라도 살고 싶은 소중한 하루였다는 것을 감사하며 두서없는 글을 마칩니다.

아, 오늘은 알람을 두 개 해놓고 자렵니다.

나는 엄마가 셋입니다

저는 이제 불혹의 나이 40이 된 이윤택 집사입니다.

가정의달 5월, 제 어머니들께 아들 된 마음에 그립고 감사함으로 기도하면서 사연을 보냅니다.

어머니가 셋? 네. 저는 남들보다 조금 특별하게 인생을 살았습니다. 저는 어릴 때부터 남들보다 말수도 적고, 친구들도 많이 없고, 조용히 혼자 지내는 내성적인 아이였습니다.

제가 태어나면서 저희 엄마는 돌아가셨답니다. 엄마 얼굴도 모르고 사진 속의 엄마만 보며 살았습니다. 저를 낳다가 돌아가셔서 늘 어린 마음에 죄책감과 복잡한 생각이 저를 지배했습니다. 저만 아니면 엄마가 천국에 가지 않으셨을 거라는 생각이었습니다.

매일 방구석에 앉아서 말도 없이 있는 제게 아버지는 저를 위해 큰 결단을 내리셨습니다.

네. 새로운 엄마가 우리 집에 오셨습니다. 아마도 여섯 살 때 정도였던 것 같습니다. 처음에는 낯설어서 눈도 못 마주치고 피해 다녔습니다. 이렇게 말도 못 하는 제게 새엄마가 생긴 겁니다.

　제 마음을 열기 위해서 새엄마는 늘 기도 하면서 저를 교회 예배당에 데리고 다니기 시작하였고, 외로운 어린 시절 저도 새엄마를 친엄마로 생각하며 따르기 시작했습니다. 엄마는 저의 손을 잡고 동네에 일부러 많이 다니신 걸 지금도 기억합니다. 그때 엄마의 따뜻한 손은 제 차가운 어린 마음을 녹이기 충분했습니다.

　그렇게 저는 엄마가 생겼습니다. 한두 달은 너무 좋아서 매일 밤 달을 보고 울었습니다. 그리고 하늘나라에 계신 친엄마에게 미안하다고, 미안하다고 별을 보고 말했습니다.

　그렇게 여동생도 생기고, 저는 사춘기를 지나 대학생이 되었습니다.

　그리고 군대에 입대하고 상병이 되던 어느 겨울날, 전화를 받고 급하게 집에 갔습니다. 평소에 조금 아프셨던 엄마의 병세가 급격히 나빠져서 우리 가족은 엄마의 임종을 지켜보게 되었습니다.

　고운 미소, 천사 같은 얼굴. 엄마는 제 손을 꼭 잡고 여동생을 부탁한다며 미소를 지으셨습니다. 어릴 적 따뜻했던 엄마의 손은 어느새 차가워졌고, 저는 그렇게 가슴에 엄마를 두고 장례를 치러야 했습니다.

　제대 후 아버지와 함께 식당을 하며 저는 여동생 공부를 위해 열심히 일하며 살았습니다.

　저는 가끔 제 여동생 얼굴을 빤히 쳐다볼 때가 있습니다. 엄마 얼굴이 동생 얼굴에서 보이거든요.

그럼 제 동생이 말합니다.

"오빠, 엄마 보고 싶구나? 실컷 봐라. 내 시집가기 전에~~. 내 돈도 안 받을게."

이런 제 동생도 시집을 가고 저는 아버지랑 둘이 살았습니다. 십수 년을 이렇게 살았습니다. 그런데 60이 넘으신 우리 아버지가 외로워 보였습니다.

그러던 어느 날, 우리 아버지가 여자 친구분이 생기셨습니다. 동네 문화 센터에서 만난 동갑내기 친구분이셨지요. 교회도 다니시고 동네에서 성품 좋기로 소문이 나신 분입니다. 저는 아버지에게 두 분이 합치시라고 조심스럽게 말했습니다.

아버지는 "너도 장가를 안 갔는데 내가 어떻게 그럴 수 있냐. 안 된다."라고 하셨습니다.

저는 "아버지, 새 가정 꾸리시면 제가 좀 더 편하게 혼자 살고 결혼도 할 것 같습니다."라며 강력하게 밀어붙였습니다.

이제 내일 아침이면 교회에서 예배 형식으로 작은 행사를 치르고 저희 어머니가 집으로 들어오십니다.

만감이 교차하고, 생각도 많고, 눈물도 많은 오늘 밤~~.

여동생에게 문자가 왔습니다.

"오빠! 오빠는 참 대단한 것 같아. 어릴 적 친엄마를 잃고 새엄마 손에서 잘 컸는데……. 그 엄마도 하늘나라에 보내고, 이제 새로운 어머니를 모시니 말이야. 나도 이제 엄마가 둘이네~~. 그런데 오빠는 엄마가 셋이 돼버렸네!

오빠, 우리 엄마 보고 싶다. 그치? 에고 우리 오빠 고생 많았다. 낼 봐요. 오빠."

갑자기 눈물이 나네요. 그 눈물이 멈추지를 않네요.

그리고 누군가 엄청 그립고 보고 싶네요. 새엄마. 저를 키워준 우리 엄마가 보고 싶습니다.

이제 그만 울어야죠. 내일 밝은 모습으로 행사에 참석해야 하니까요.

한번 주어진 우리 인생, 후회 없이 사랑하며, 봉사하며, 살아가렵니다.

진행자님도 어느 아들과 딸의 어머니이신가요?

이 땅에 수많은 어머니……. 당신들은 위대한 이름을 가지신 어머니이십니다.

위대한 이름, 어머니…….

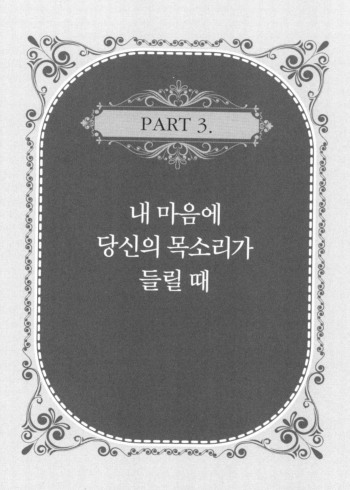

PART 3.

내 마음에
당신의 목소리가
들릴 때

네 남자의 수화 이야기

저는 제주도에 살고 있는 오○○이라고 합니다.

어릴 적부터 감귤 농사를 했고, 이번에 아들들에게 농장을 물려주고 은퇴를 계획하고 있는 장로입니다.

제주도에는 귤 농장이 너무 많습니다. 이 일이 천직이라 생각하고 평생을 열심히 일하였습니다. 세 아들을 공부시키고, 장가보내고, 다들 집 한 칸씩 마련해주었습니다.

나름 성실히 집안을 이끌어 왔습니다. 물론 신앙생활도 열심히 했다고 생각합니다.

어릴 적 저희 세 아들은 귤밭에서 뛰어놀았는데 거기서 숙제도 하고, 낮잠도 자고, 신앙도 배웠습니다.

애들 엄마는 주말이면 교회에 다녀와서 귤 농장에서 도시락을 싸서 소풍을 즐기기도 했습니다.

애들 엄마는 말을 못 하는 장애인이었습니다. 아이들은 엄마랑 이야기하고 싶어서 수화를 배웠습니다.

엄마는 막내가 열 살 때 하늘나라에 가고, 우리 남자 넷은 한동안 엄마가 그리워서 귤밭에 나갈 수 없었습니다.

가끔 엄마가 보고 싶을 때 한동안 우리 남자 넷은 수화로 얘기했습니다.

옆에 애들 엄마가 함께 있는 것 같더라고요.

그리고 막내가 학교를 졸업한 후부터 어느 순간, 저희 남자 넷은 약속이나 한 듯 더는 수화를 하지 않았습니다.

그렇게 우리 남자 넷은 서로 돕고 의지하며 잘 살아왔고, 다들 비슷하게 결혼도 하였습니다.

세월이 흐르고 막내가 40이 넘으니 저는 이제 70이 넘었네요. 참 행복하게 열심히 살아왔습니다.

그런데 집안에 요즘 문제가 생겼습니다.

어릴 적부터 우애가 좋았던 형제들인데 이번에 농장 재산을 나누어 주는 일에 형제들이 처음에는 의견 차이를 두더니 점점 싸우고 의가 상해 가는 거였습니다. 그렇게 큰 농장도 아닌데 형제들이 욕심을 내고 있습니다.

어릴 적부터 큰아이에게는 50%, 작은애 30%, 막내 20% 주기로 마음먹고 이렇게 정리하려 하는데 아들들은 맘에 안 드는 모양입니다. 큰애는 지키려고 애를 쓰고, 둘째와 막내는 똑같이 나누어야 한다는 마음을 먹은 듯합니다.

며느리들도 서로 눈치 보고 말도 안 하고 냉전 상태입니다.

큰애는 서울에서 직장을 다니고 있고, 둘째와 막내는 농장일을 돕고 있었거든요.

친구에게 상의하니 제가 처음부터 잘못했다고 얘기하네요.

드라마에서나 보던 고민거리가 저에게도 일어났습니다.

제 친구 중 목사님이 있는데요. 이 친구는 재산을 다 기부해 버리라고 하
네요.

그럼 저희 둘째와 막내는 직업이 없어지니 이것도 힘들 것이고요.

그래서 공평하게 3분의 1씩 나누어 주려는 마음입니다.

정말 무거운 짐이 저의 어깨를 짓누르네요.

저는 아들들이 신앙으로 똘똘 뭉쳐서 기도하며 대화하기를 원하는 마음뿐
입니다.

감사해요.

아무것도 아닌 그저 피조물

저는 포항에서 기쁨의 교회를 섬기고 있는 55세 성도 김민수입니다.

저는 예수님을 믿지 않는 가정에서 태어났습니다.

어릴 적부터는 저는 엄마를 잘 따르는 아이였습니다.

중학교 1학년 때 한참 사춘기 시절인데 친어머니께서 갑자가 소천하시고 저는 커다란 절망감에 빠져 있었습니다.

다음 해 우리 집에는 새어머니께서 오셨습니다. 저는 그때부터 반항하고 싶었고 집에서 사는 게 짜증이 나기 시작했습니다.

힘든 청소년 시기를 보냈습니다. 솔직히 부모님 속도 많이 썩이고 조금 방황하며 지냈습니다. 너무 외롭고 하늘나라에 가신 엄마가 너무 보고 싶었습니다.

그러던 어느 날 스스로 찾아간 교회에서 성경 말씀과 찬양을 통해 위로를 받고는 했었습니다.

그렇게 어른이 되고 군대를 전역하고도 새어머니와의 관계는 좋지 못했습니다.

그렇게 사는 게 싫고 이곳 사회가 너무 힘들었을까요……. 여기서 탈출하고 싶었습니다.

그리고는 20대 후반에 절로 출가를 하였습니다. 네! 저는 스님이 되어 버렸습니다.

인생무상함도 있었고 가정의 불화가 정말이지 너무 싫어서 세상을 등진 채 괴로움을 타파하고자 도를 깨닫는 일에 집중하였습니다. 그렇게 산속에서 수행하고 참선을 하면서 스님이 되었습니다.

너무나 힘들었습니다. 수행하고 교육을 받으며 도를 깨닫는 것은 생각보다 너무나 힘들고 괴로운 일이었습니다.

힘든 절 생활에 적응하며 승가대학을 졸업하고, 세월이 흐른 후 저는 ○○절 포교당 주지 스님이 되었습니다.

그렇게 주지 스님 위치에서 나름 종교 활동을 하며 자아를 발견하고 인생의 이치를 알아간다고 생각했는데, 어느 날 갑자기 저는 아무것도 아닌 존재라는 것을 깨닫게 되었습니다.

네……. 저는 아무것도 아닌 그저 피조물 사람……. 즉, 그저 인간이었습니다. 그렇게 매일 매일 고민과 번뇌가 가득했었습니다.

어느 날 새벽에 불공을 드리려고 일어나다가 저는 갑자가 쓰러졌고 병원으로 이송되었습니다.

뇌경색이었습니다. 여러 부분 몸에 통증과 마비, 후유증이 있어서 소임을

뒤로한 채 치료에 집중하고자 사가로 나와서 생활을 하였습니다.

몸이 아프다 보니 도가 무슨 소용이 있고, 깨달음이 뭐가 중요한지 생각하게 되었습니다. 그러다 '갑자가 내가 죽으면 천국에 갈 수 있나?' 하고 자문하게 되었고 계속 그 마음이 저를 지배했습니다.

그리고 어릴 적에 믿었던 하나님께 돌아가야겠다는 생각이 들기 시작했습니다.

바로 다음 날 교회에 갔고, 제 과거 신분을 밝히고 신앙생활을 시작하였습니다. 교회에서 처음에는 저를 이상하게 보았을 수도 있었겠죠. 그래도 열심히 하나님께 기도하며 신앙생활을 했습니다.

그러다 다시 2019년 3월 뇌출혈 재발로 저는 장애인이 되었습니다. 저는 제 삶에 너무 실망이 컸습니다. 아무 소망도 없고 거기다 혼자 투병하는 부분도 힘들었고, '하나님이 살아계신다면 어찌 이리도 되는 게 없지?' 하면서 스스로 삶을 포기하려고 했습니다.

휠체어 타는 일이 너무 힘들었고 우울증까지 와서 너무 고단한 삶을 살고 있는데, 어느 날 주님께서 저를 찾아오셨습니다. 그리고 제게 말씀하셨습니다.

"아들아, 내가 너를 사랑한다."

위로하시며 힘을 주셨습니다. 너무 많이 울고 또 울고 기도와 회개를 했습니다. 주님께서 제게 믿음을 주시고 감사를 주셨습니다.

그렇게 저는 주님을 만났습니다.

소망 가운데 재활에 임하며 사이버대학에 지원도 했습니다.

하나님께서 제게 원하시는 일을 발견하기를 위해 끊임없이 기도하고 응답을 기다리고 있습니다.

스님이 주님을 만나 회개하고 믿음 생활을 합니다. 허허.

이 사연을 듣는 애청자 여러분, 많은 기도 부탁드립니다.

아침부터 저녁 그리고 새벽에 시간 날 때마다 시간 내 듣는 〈CTS〉 라디오 조이 앱은 제게 크나큰 신앙에 도움이 되며 힘이 됩니다.

'밥 이야기' 방송에 주님의 큰 축복이 있기를 기도합니다.

모세의 엄마 2

저는 부산에 살고 있는 권○○ 자매입니다. 지난주 방송했던 '우리 엄마' 사연의 주인공이기도 합니다.

네, 그렇습니다. 저는 이번에 사랑하는 부모님의 곁을 떠나 새로운 항해를 할 준비가 되어있는 병아리 예비신부입니다.

저는 태어날 때부터 소아마비 장애인으로 한쪽 다리를 절면서 30여 년을 살아왔습니다.

어릴 적에는 몰랐습니다. 제가 다른 친구들과 다른지를……. 그냥 잘 걷기가 불편해서 그런 줄만 알았습니다.

유치원에 갔을 때 다른 아이들은 뛰어노는데, 저는 달리기가 되지 않았습니다. 늘 다리를 절고 걷는 것도 불편한 저는 늘 소심하게 혼자 방에서 인형놀이를 하고 컴퓨터 게임을 하며 어린 시절을 보냈던 거 같습니다.

친구들이 놀리는 소리가 들릴 때마다 저는 화가 났고, 사춘기 시절에는 부모님께 소리도 지르고 원망도 하였습니다. 그리고 너무 자존심이 상하고 마음이 찢어지게 아파서 삶을 포기하려고 몇 번을 생각했는지 모릅니다.

그럴 때 엄마는 저에게 성경을 들려주시고 말씀을 묵상케 했습니다.

저는 하나님께 원망도 많이 했습니다.

"이럴 거면 저를 왜 세상에 태어나게 하셨나요? 차라리 저를 천국으로 빨리 데려가 주세요."라고 기도했습니다.

2018년 무더운 여름, 저도 이성 친구를 사귀고 싶었습니다.

채팅으로 한 남자와 교제를 하기 시작했는데 믿음이 좋은 청년이었습니다.

신앙 얘기도 하고 멀리 떨어진 서울에 있는 친구라 채팅과 통화로 교제를 하였습니다. 친해지면서 점점 그 친구가 좋아졌는데 제가 몸이 불편하다고 도저히 얘기를 못 하겠더라고요……

용기를 내서 고백하자 며칠 후 그 친구는 채팅 앱에서 나가버렸습니다.

저는 젊은 나이에 절망과 괴로움이 삶에 가득했습니다. 그리고 부르짖었습니다.

하나님, 저를 버리지 말아 달라고 그리고 부모님을 봐서라도 제가 행복하게 살아야 한다고. 매일 새벽마다 기도했습니다.

그로부터 두 달 후 그 친구로부터 연락이 왔습니다. 그리고 그 친구가 부산으로 오겠다는 겁니다.

그리고 용기를 내서 만났습니다. 그 친구도 저와 같이 몸이 약간 불편한 장애인이었습니다.

둘이 보자마자 커피숍에서 얼마나 울었는지 모릅니다.

지금까지 살아온 힘들었던 어린 시절과 젊은 날의 뜨거운 가슴을 다 쏟아낼 만큼 펑펑 울고 기도했습니다.

그리고 저는 어른이 된 거 같고 많은 생각을 하였습니다.

그런데 사실은요. 그 친구와 이번 가을 가정을 이루게 됩니다.

제가 신부가 된다는 거 아닙니까. ^^

양가 부모님 상견례를 하던 날, 양쪽 부모님들은 대화나 인사보다는 말없이 뜨거운 눈물을 흘렸습니다.

아마도 그들이 살아온 인생에 가슴 먹먹함과 사람들에게 말하지 못한 삶의 뜨거운 사연을 나누는 시간이었던 것 같습니다.

저는 이제 모세처럼, 아기가 강가에서 세상을 향하듯 출발합니다. 주님을 믿고 의지하고 담대하게 나아가겠습니다.

"엄마! 아빠! 고마워요. 감사해요. 사람들은 저를 보고 수군거리고 병신이라고 부르고 놀렸지만, 저는 엄마 아빠의 예쁜 딸이에요. 엄마……. 저 지금 사실은…… 사실은…… 울어요. 너무 속상하고 미안해서 눈물이 나네요. 멈추질 않아요. 평생을 저 때문에 흘리신 눈물의 양과 시간이 많기에 제가 많이 미안하고 부끄럽습니다. 이제 기쁨과 감사의 눈물을 흘릴 수 있도록 제가 최선을 다해서 인생을 살아가도록 약속할게요. 엄마! 아빠! 사랑합니다."

오늘 내가 네게 명하는 이 말씀을 너는 마음에 새기고 네 자녀에게 부지런히 가르치며 집에 앉았을 때에든지 길을 갈 때에든지 누워 있을 때에든지 일어날 때에든지 이 말씀을 강론할 것이며 (신명기 6장 6절~7절)

ABC 며느리

저는 37세 주부이고 작은 교회를 섬기는 평신도입니다.

요즘 저는 작은 고민이 있어서 사연을 보냅니다.

저는 결혼한 지 5년이 되었고 딸 아이를 둔 전업주부입니다. 남편은 작은 슈퍼를 운영하고 신앙생활 잘 하고 있는 나름 모범 부부(?)입니다.

시부모님은 아버님만 시골에서 잘 계시는데 갑자기 몸이 아프시고 거동이 불편해서 혼자 사시기가 어려운 상황입니다. 저희 남편 형제는 형님이 있는데 목회를 하고 계십니다. 눈치채셨겠지만 아버님을 저희 차남이 모셔야 할 상황인데, 저는 솔직히 너무 부담되고 싫습니다. 엄연히 형님이 계시는데 왜 저희가 모셔야 하는지 이유를 모르겠습니다. 건강하신 것도 아니고 솔직히 너무 싫습니다. 늦게 결혼해서 아이도 어린데 너무 짜증이 납니다. 아이 데리고 집을 그냥 나가버리고 싶은 마음입니다.

형님네는 목회를 하신다고 저희가 아버님을 모시라고 무언의 압력을 가하시니 이건 말이 안 된다고 생각합니다. 목회가 무슨 벼슬도 아니고 남편하고 크게 싸웠습니다.

진행자님, 제 속마음을 이해하시죠? 너무 속상한 건 우리 엄마도 시골에서 농사지으면서 살고 있는데 엄마는 걱정도 안 하고 자기 아버지만 걱정하는 남편 그리고 침묵으로 일관하는 형님과 시아주버니…….

조금 얄밉다 못해 화가 납니다.

집에서 살림만 하니까 아버님 모시는 것이 크게 힘들지 않을 거라 말하는 우리 가족들…….

아시죠? 애 하나 키우는 게 얼마나 힘든 일인데 자기들은 사역을 한다고 저 보고 그 큰 십자가를 지라고 하십니다. 너무 속상해서 울다가 엄마랑 통화했더니 엄마는 기도해 보고 응답을 받으라는 겁니다. 이런, 엄마는 한술 더 뜨십니다. 이러지도 못하고 저러지도 못하고 제 인생이 너무 꼬여버린 걸까요.

아버님은 장로님이신데 막상 뵈면 본인은 노인 병원이나 시설에 갈 테니 걱정하지 말라고 하십니다. 신앙이 좋으신 우리 아버님은 훌륭한 인격을 지니고 계십니다. 그걸 보면 솔직히 좀 안 되어서 마음을 고쳐먹으려다가도 남편 말 한마디에 모든 게 무너지고, 형님 침묵에 힘이 빠집니다.

너무 고민되고 속상합니다. 기도해도 응답은커녕 눈물만 납니다.

'밥 이야기' 사연을 듣다가 속상해서 사연을 보냅니다.

어쩌겠습니까? 할 수 없이 이 상황을 받아들여야 하는데 용기가 나질 않습니다.

글재주는 없고 그냥 아픈 마음을 글로 남깁니다.

주미야, 엄마가 미안해…

저는 대전에 사는 52세 김 집사입니다.

두 아이의 엄마이고 교회에서 열심히 봉사하고 있는 대한민국 아줌마입니다.

저는 건물 청소를 하며 가난하지만 믿음을 가지고 열심히 살고 있습니다.

저희 남편과 아이, 그렇게 세 가족이 살고 있습니다.

두 아이의 엄마이고 남편도 있는데 왜 세 가족이냐고요? 저는 큰딸을 주님께 보냈습니다.

저희 큰아이는 중학교에 들어가면서 갑자기 아프기 시작했고, 병원에서 급성 백혈병 진단을 받았습니다. 그리고 몇 차례 항암 치료를 받다가 자기 생일 이틀을 앞두고 하늘나라로 갔습니다. 너무 갑자기 벌어진 일이라 경황없이 아무 준비도 없이 아이와 작별 인사도 제대로 못 하고 보냈습니다.

제가 사연을 보낸 이유는 다음 주면 우리 큰아이가 성인이 되는 날입니다.

우리 큰딸에게 편지를 보내고 싶어서요.

주미에게.

가슴이 아프고 가슴이 쓰린 통증이 오늘 아침에도 있었다.

매일 소화제를 먹어도 가시지 않는 이 통증이 너무 아프다, 너무 아프다…….

건강하게 못 낳아서 미안한 엄마.

가난해서 치료도 다 해보지 못한 못난 엄마.

어린 시절 네가 먹고 싶다던 햄버거 한 번 사주지 못했던 가난한 엄마.

네가 입고 싶다던 유명 옷도 못 사주고 이모 옷을 수선해서 입힌 부족한 엄마.

네가 아프다는 것을 처음 알았을 때 병원비 걱정에 더 고민했던 바보 엄마…….

아픈 너에게 희망과 소망을 주기보다는 울면서 신세타령이나 하고 더 힘든 모습을 보여준 철없는 엄마.

거기 천국은 춥지는 않니? 너 아프지는 않은 거지? 엄마가 너무 보고 싶다고 울고 그러는 건 아니지?

엄마가 여기서 열심히 살고, 열심히 네 동생 키우고 네 곁으로 갈 거야. 그때 이 못난 엄마를 용서해 주렴…….

네가 떠나는 날 엄마는 너를 떠나보낸 슬픔도 컸지만, 내 인생이 힘든 게 더 슬픔이 크게 느껴졌던 걸 용서해라.

먹고 살기가 너무 힘들어 가끔 너를 잊고 살았던 엄마를 용서해라.

이제 철이 들었나. 요즘 자꾸 우리 딸이 생각이 나. 길거리를 지나가다 이제 스무 살이 된 아가씨들을 보면 우리 딸이 너무 생각나…….

오늘은 아빠랑 아침에 우리 딸 얘기하면서 펑펑 울었단다……

아빠도 네가 너무 그립고 보고 싶다고……

엄마가 성인이 된 우리 딸에게 해 주고 싶은 말……. 아니, 한 번도 제대로 하지 못했던 말.

우리 딸 사랑해……. 주미야, 사랑해…….

아내가 나를 두 번 울렸어요

저는 시골에서 작은 목회를 하고 있는 목사입니다.

교인은 30여 명 정도 되고요. 교회 개척해서 봉사하며 섬긴 지는 10여 년이 되었네요. 목회하며 감사한 일, 행복한 일도 많았지만, 요즘은 우울할 만큼 힘든 날의 연속이네요.

세 가지 아픔과 걱정이 있어 기도와 고민을 하고 있어요.

제가 믿음이 부족해서 익명으로 사연을 보내게 되었습니다.

저는 1남 1녀의 아빠로, 한 여자의 남편으로 또 작은 교회지만 지방에서 목회자로 청년 사역과 노인 사역을 중심으로 나름대로 열심히 사역을 해왔습니다.

첫 번째 고민은 요즘 코로나 사태로 인해 대면 예배를 드리지 못해서 온라인으로 예배를 드리고 있습니다. 처음에는 몇 주 혹은 한두 달 후면 예배를 드릴 수 있을 거라 생각했습니다. 진행자님도 아시겠지만, 이 사태가 장기화하면서 성도들이 너무 보고 싶고……

예배를 드리면서 교제하는 것이 그리고 성도님들의 존재가 얼마나 귀중한 것인지 알게 되었습니다.

무대에 서는 연극배우는 아니지만, 대상 없이 카메라 하나에 의존하고 설교하는 것이 너무 힘들고 우울하기까지 합니다.

더 충격적인 것은 30여 명의 교인이지만 유튜버 접속 교인 인원이 3분의 1도 모니터가 안 되어서 무척 마음이 아프고 자존감도 상합니다. 아무래도 시골 어르신들은 컴퓨터 접속이 어려우시겠지요.

두 번째 고민은 교회 재정 문제입니다. 6개월 이상 코로나 사태가 장기화하니 교회 재정 상태가 너무 힘들어지다 못해 바닥입니다. 온라인으로 헌금을 보내셔도 30% 정도밖에 들어오지 않습니다. 교회도 예산이 있고 임대료나 진행하는 비용이 있으니……. 참 힘들고 난감합니다. 더 나아가 코로나로 경제가 침체하여 그나마 들어오던 헌금도 더 줄어드는 형편입니다. 목회자도 생활을 해야 하는데 이 부분 때문에 목회자 이전에 한 가장으로서 패닉에 빠진 듯합니다.

세 번째 고민은 저희 아내 이야기입니다. 지난주 텅 빈 주일, 교회에서 온라인 예배 설교를 마친 후 진지하게 저희 아내가 대화하기 시작했습니다. 비장한 눈빛과 떨리는 음성으로 "여보, 우리 목회 그만하고 평범하게 살아보면 어떨까요?"라고 하는 겁니다.

제가 "무슨 쓸데없는 얘기를 하는 거냐?"고 버럭 화를 내자, 제 아내는 결혼 생활 처음으로 저에게 화를 냈습니다.

"아이들 이제 대학도 가야 하고 해서 학원도 잘 보내야 하는데 우리 너무 힘들잖아요. 내가 영업직으로 취직해서 발로 뛰면 되고 당신도 영어 잘하니까 무역회사 같은데 취업해서 일하면 안 돼요? 내가 당신한테 시집와서 명품백을 사달라고 했어요? 아님. 좋은 차나 집에서 살기를 원했어요? 돈이 없어서 친정엄마 용돈 한 번 제대로 드리지 못하는 나는 무슨 죄가 있는 건데요? 그냥 애들 걱정 없이 공부시키고 나 미장원 갈 때 돈 걱정 안 하고 가서 파마하고 싶은 거. 그게 그렇게 큰 소원이에요?"

그러면서 아내는 울면서 예배당 밖으로 나가 버렸습니다.

저는 말 없이 한동안 텅 빈 교회 강대상에 서서 그만, 그만 울어 버리고 말았네요.

몇 시간 후 아내에게 문자가 왔습니다. 아무 일 없다는 듯이 평범하게 왔습니다.

"목사님, 된장찌개 끓였어요. 어서 오세요."

이 문자가 더 슬프고 더 마음이 아팠습니다.

그리고 저녁에 집에 가보니 저희 사택 문 앞에 교인들이 가져다 놓은 달걀, 쌀, 채소, 과일, 작은 돈 봉투……

저는 그날 하루에 두 번 소리 내서 울고 말았습니다.

"하나님, 이번 사태로 깨달은 것이 너무 많습니다. 한국 교회를 용서해주시고 저희 목회자들에게 더욱 강건함을 주소서."

새롭게 힘을 내서 목회하려 합니다. 작은 교회지만 성실히, 열심히 사역을 감당해 나가겠습니다.

준길아!

늦은 나이에 사연을 보냅니다.

저는 작은 도시에 살고 있는 70이 넘은 김 집사입니다.

저는 아들 하나를 낳고 열심히 살아온 사람입니다. 아들은 혼자 착하게 컸지요. 교회도 열심히 다니고 잘 자라주었고 결혼도 했습니다.

그리고 예쁜 딸도 낳았지요. 손녀가 일곱 살 되던 가을에 아들 부부는 교통사고를 당해서 며느리는 바로 숨을 거두었고, 아들은 세 번의 수술 끝에 하늘나라로 떠났습니다. 정말 제 인생에 하늘이 무너지는 경험을 하였습니다.

자식을 잃으면 가슴에 묻는다는데 정말 숨을 쉴 수 없을 만큼 힘들게 하루하루를 살았습니다.

아들이 세상을 떠나기 전에 제 손을 잡고 미안하다고, 죄송하다고……. 그리고 어린 딸아이를 부탁한다고 했어요.

제가 약속했습니다. 그렇게 하겠다고 아들하고 약속했습니다.

그리고는 아들은 천국에 갔습니다.

저는 그날 이후부터 솔직히 사는 것이 지옥 같았습니다. 50대 후반 나이에 손녀를 키우고 가르치며 힘들게, 힘들게 십수 년을 보냈습니다.

처음에는 엄마, 아빠를 찾는 아이의 고통을 함께하였고 둘이 붙잡고 많이 울었습니다. 손녀가 사춘기 시절, 그 감성과 성격을 받아주느라 정말 두 번째 지옥 같은 삶을 살았습니다. 제가 밥도 하고, 빨래도 하고, 아이가 소풍 갈 때면 김밥도 쌌습니다. 여자아이 학교 갈 때 머리도 빗겨주고 따주기도 했답니다.

이게 무슨 인생인지, 내가 전생에 무슨 죄가 있다고 이런 지옥 같은 인생을 사는지 정말 힘들었습니다. 그러다 동네 친구를 통해 늦은 나이에 주님을 만나고 1년을 교회에 가서 울기만 했습니다.

그렇게 인생이 흐르고 이제 우리 손녀가 시집을 갑니다.

손녀는 요즘 제게 얼마나 잘하는지 모릅니다. 그 녀석도 힘들었을 텐데 용케도 잘 참아 주었습니다. 이제 제 사명을 다 한 것 같습니다. 오늘 밤 문득 제 아들 녀석 생각이 납니다.

보고 싶으냐고요? 네, 무척 보고 싶습니다.

준길아, 준길아!

아버지다.

잘 지내고 있니? 천국에서 아버지가 보이니? 아버지 이제 주름이 너무 많아서 알아보기는 하겠니?

아들아, 너와 한 약속을 지키느라 아버지는 최선을 다했다. 수백 번 죽고 싶었고,

수천 번 포기하고 싶었는데 어떻게 어떻게 여기까지 오게 되었구나.

우리 손녀 잘 키워서 이제 시집을 간단다. 너도 기쁘지?

이제 너하고 한 약속을 잘 지켰는데 왜 이렇게 마음이 더 아프고 체한 것처럼 힘든지 모르겠다.

이제 아침에 일어나는 것도, 밥을 먹는 것도, 잠을 자는 것도 힘드네.

이제 모든 사명을 다했는데 왜 기쁘지 않고 힘들지?

아침마다 눈물이 나는 이유는 뭔지 모르겠구나.

이제 아버지도 나이를 먹고 네 곁으로 가야 할 때가 가까워진 것 같구나.

내가 인생 여행을 끝내고 하늘나라에 가면 주님께서 수고했다고 해주시겠지! 그걸로 족하다……. 내 등을 만져주시는 그 손길 하나로 이 아버지는 족하단다.

아들이 보고 싶다. 네가 웃는 얼굴, 네가 미소짓던 얼굴이 너무 생각난다.

지갑 속에 있는 너랑 찍은 마지막 사진이 이제 빛바래져서 오래된 물건이 되었구나.

준길아. 너무 보고 싶다.

우리 아들 준길이에게 아버지가 하고 싶은 말, 사랑한다…….

주 여호와여 주는 나의 소망이시요 내가 어릴 때부터 신뢰한 이시라 (시편 71장 5절)

저희 아빠 이름은 김준길입니다

저희 아버지의 이름은 김준길입니다.

이번에 방송에 소개된, 먼저 하늘나라에 가신 김준길 씨 딸입니다. 방송 얘기대로 부모님을 어릴 때 여의고 할아버지가 저를 키워주셨습니다.

목사님 소개로 사연을 쓰면서 많은 생각과 상념에 잠을 이루지 못했습니다.

지금 노인이 되셔서 안방에서 주무시고 있는 할아버지, 저에게는 아버지였습니다.

어릴 적에 친구들은 다 아빠가 있는데, 그래서 아빠나 아버지라고 불러 보고 싶었는데 집에 가면 할아버지가 계셨습니다.

저는 할아버지를 부를 때 아버지라는 말이 너무 해보고 싶어서 '할' 자를 작게 하고, '할'아버지 '할'아버지라고 부르곤 했습니다. 그렇게 저는 외롭게 자랐습니다. 친구들은 할아버지가 학교에 오시면 누구냐고 물어봅니다. 다른 아빠들보다 서른 살은 많으시니 친구들이 놀리는 것 같았습니다. 저희 할아버지는 젊게 보이시려고 머리에 염색도 하시고 옷도 젊게 입으셨지만, 저는 솔직히 할아버지가 학교에 오시는 게 창피해서 너무 싫었습니다.

제 생일날 친구들이 집에 와서 파티하는데 케이크를 자르다가 그만 케이크 한 조각이 마루에 떨어졌습니다. 할아버지께서 그걸 보시고 급히 오셔서 치우시면서 "아이고 아까워라." 하고 손에 묻은 케이크를 드시는 거였습니다. 저는 너무 창피하고 화가 나서 그날 소리소리 지르고 할아버지 마음을 아프게 했습니다.

그리고 그다음부터 우리 집에서는 한 번도 케이크를 본 적이 없었습니다. 고등학교 때는 친구들을 한 번도 집에 초대하지 않았습니다.

그렇게 어린 시절, 반항하는 사춘기 시절을 지나 이제 노인이 되신 할아버지, 아니 우리 아버지를 남겨 두고 결혼을 하게 되었습니다. 방 안에 혼자 계시는, 허리가 굽은 할아버지를 보면 나도 모르게 눈물이 납니다. 제가 외로웠던 어린 시절이 있었다면 할아버지는 외롭다 못해 처절하고 괴로운 고통의 시간이었을 겁니다. 이걸 이제 철이 들어 알았으니 너무 죄송하고 송구합니다.

이제 결혼식을 하는 날, 할아버지 손을 잡고 입장하려 합니다. 누가 뭐래도 제게는 너무 소중한 가족이니까요.

저는 평생 할아버지께 존댓말을 안 했습니다. 일부러 그랬습니다. 좀 더 가깝게 허물없이 지내고 싶어서 존댓말을 한 번도 안 했습니다. 오늘 저희 할아버지께 편지로나마 처음으로 예의와 존경을 다 해 마음을 전할까 합니다.

할아버지, 안녕!

이렇게 방송으로 편지를 쓰니까 쑥스럽네.

이제 나 결혼해, 알지? 나 이제 할아버지 혼자 두고 갈 거야.

괜찮겠어? 혼자 안 심심하겠어? 맨날 같이 보던 '가요무대'는 누구랑 볼 거야? 옆집 할머니랑 좀 친하게 지내라니까 왜 말을 안 들어. 할머니 보면 괜히 얼굴만 뻘게지고. 그러면서 혼자 잘 지낼 수 있을지…….

그리고 평소에 존댓말 안 한 거, 서운해하지 마. 친하게 지내려고 일부러 그런 거야.

할아버지, 고맙습니다. 감사합니다.

키워주시고, 공부시켜주시고, 이렇게 결혼할 때까지 돌보아 주셔서 정말 감사합니다. 아들 잃은 슬픔과 인생의 고통이 너무 커서 힘드셨을 텐데. 어린아이 그냥 시설에 보내고 혼자 편하게 사셔도 되셨을 텐데…….

할아버지, 정말 감사합니다.

제가 보았어요. 할아버지 혼자 소리 내서 우시는 모습을…….

제가 알았어요. 할아버지 외로워서 힘들어하시는 모습을…….

제가 만졌어요. 할아버지 거친 손마디 마디를…….

어린 저를 버리지 않고 잡아 주셔서 정말 감사해요.

할아버지, 고마워요. 그리고 미안해요. 어린 손녀 때문에 고생 많으셨어요.

결혼해서 잘살게요. 행복하게 잘 살고 할아버지께 효도할게요.

이렇게 살아 숨 쉬는 거 다 할아버지 덕분이에요.

건강하시고 또 건강하셔야 해요.

할아버지, 사랑합니다.

'대전 거북이'를 아시나요?

저는 대전에 살고 있는 '거북이 엄마' 유 집사입니다.

저는 대전이 고향이고, 대전에서 학교를 나와 대전 남자를 만나서 결혼을 하고, 대전 병원에서 대전 남자아이를 낳았습니다.

거북이가 아들이냐고요? 네, 맞습니다. 제 아들은 별명이 '대전 거북이'입니다.

예상하시겠지만 매사에 너무 느리고 모든 일에 결단력이 부족해서 늘 느립니다. 원래 충청도 사람들이 말과 행동이 느리기는 하지만 우리 아들은 심한 편입니다.

아이가 아릴 적부터 느린 건 그냥 성격이겠지 하고 넘어갔습니다. 어릴 적 별명은 '한나절'이었습니다. 무슨 일만 하면 한나절입니다. 아침에 일어나는 것도 한나절, 학교 가는 것도 한나절……. 매일 지각을 했지요. 밥 먹는 것도, 숙제하는 것도 모든 게 한나절입니다.

그러다 보니 이제 성인이 되었는데 취업이 안 됩니다. 너무 느려서인지 취업 정보를 찾는 것도, 시험을 보는 것도 잘 안되고, 면접을 보는 것도 다 떨어집니다. 제가 면접관이라도 제 아들을 답답해서 안 뽑을 것 같습니다. 아! 정말 돌아버릴 것 같습니다.

고등학교 다닐 때 학원에서 작은 불이 났는데 우리 아들만 거북이처럼 제일 늦게 나온 겁니다. 나름 뛰어나왔다는데 엄청나게 느려터집니다.

취업을 못 해서 힘든 청춘들은 한국에 너무 많기는 한데요. 솔직히 저는 우리 거북이가 취업을 못 해도 준비하는 과정이나 태도를 빠르게, 성실히 하는 것을 원하고 있습니다. 습관이 매우 중요하니까요. 아무리 설명을 하고 잔소리를 해도 웃으면서 알았다고만 대답합니다. 거북이가 변해서 토끼가 될 수는 없지만 그래도 제 소원은 그렇습니다.

그러던 어느 날, 아들 방 청소를 하다가 일기장을 우연히 보게 되었습니다. 아니, 솔직히 제가 일부러 훔쳐보았습니다. 저는 그날 충격을 받았습니다.

고등학교 때 일기장에 "사람들은 나를 보고 답답해한다. 내가 말과 행동이 느려서이다. 난 한 번도 내가 답답하게 살아가고 있다고 생각해 본 적이 없다. 난 거북이가 아니다. 난 거북이란 별명이 너무 싫다. 난 내 모습이 좋고 나의 생활 속도가 좋다. 나는 느린 게 아니다. 사람들이 빠르고 세상이 너무 빠르게 돌아갈 뿐 나는 내 인생을 사랑하고 천천히 내 삶을 생각하고 천천히 내 삶을 즐길 것이다. 고속열차가 빠르게 가는 것이, 완행열차가 느리게 가는 것이 속도는 다르지만 결국에는 그 시간의 의미는 다 존재하고, 결국에는 종착역에서 다 같이 내린다. 세상이 빠르게 돌아간다고 해도 나는 나의 속도를 즐기고 인정하고 천천히 걸을 것이다. 빨리 달려가는 친구들을 부러워하지 않고 나는 천천히 걸으며 넘어져서 힘들어하는 친구들의 손을 잡아 줄 것이다. 나는 이렇게 사는 게 행복하고 좋다. 어른이 되면 봉사하는 일을 하면서 살고 싶다. 취업도 하고 돈도 벌어야 하지만 나는 힘들고 지쳐서 넘어져 있는 사람들에게 손을 내밀고 도와주는 삶을 살고 싶다. 이렇게 나는 내 인생의 목표를 정한다."라고 쓰여 있더라고요.

저는 회개하고 반성하기로 했습니다. 아들의 삶의 속도와 삶의 목표……. 우리 아들은 말과 행동이 느린 것이지 인생이 느린 게 아니었습니다.

아들이 사랑스럽고 또 사랑스럽습니다.

오늘 저녁에는 우리 거북이, 아니 아들이 좋아하는 카레를 해주어야겠습니다.

아주 천천히 정성을 다해 만들어서 줘야겠습니다.

백구두를 신고……

안녕하십니까. 태어나서 머리털 나고 처음으로 사연이라는 것을 보내봅니다. 허허.

저는 경상도 부산 사나이(김태명)라고 합니다.

현재 60세이며 마도로스로 전 세계를 누빈, 해병대를 나온 부산 사나이입니다.

근육질 몸매에 포마드로 머리를 올백으로 넘기고, 백구두를 신고, 선글라스를 쓰면 완전 동네에서는 제가 짱이었습니다. 다들 쳐다보고 그랬습니다. 물론 수염도 기르곤 했었지요. 멋있게 말입니다.

너무 제 자랑인가요? 허허허. 뭐 이런 맛에 살아왔습니다. 허허허.

큰 배를 타고 전 세계 안 가본 곳 없이 다 다녔고, 아들 세 명을 대학 졸업시켰습니다. 특히 러시아 쪽에 오래 있었습니다. 일 년에 한 번 정도 아이들 얼굴을 보니 가족이지만 좀 어색했습니다……

제 아내와 아이들은 저를 좀 어려워하더라고요. 밥상도 따로 먹을 만큼 어려워했습니다. 제가 인상을 한번 쓰면 집안이 조용하고, 아내에게 소리를 한 번 지르는 날이면 아이들은 다들 친구 집으로 대피하였습니다. 키우던 강아지도 자기 집으로 줄행랑을 치고는 했습니다. 흐흐흐.

예전에 연속극에 나오는 대발이 아빠처럼 저를 무서워했던 것 같습니다.

나름 마도로스로 한 카리스마를 했지요. 제가 약간 남자다운 성격에 해병대를 나왔으니 오죽했겠습니까? 제가 봐도 좀 가관이었습니다.

코로나가 닥치고 저는 요즘 일 년 동안 한국에 머물러 있습니다.

그런데 요즘 제게 큰 고민이 있습니다. 이제 은퇴할 나이도 되었으니 은퇴를 해야 하나 고민입니다. 아이들과 아내와 처음으로 봄, 여름, 가을, 겨울 일 년을 보냈는데 시간이 지나면서 뭐가 이상하게 돌아가고 있었습니다.

아내가 저한테 처음에는 소리를 지르더니 이제는 화를 내고, 지난주에는 바가지를 긁더라고요.

그런데 더 황당한 것은 제가 이제 그 잔소리와 바가지가 무섭다는 겁니다. 정말 적응이 안 되고 이상합니다. 흐흐흐

아들들도 이제는 의견 충돌이 있으면 웃으며 하는 말이 "왜 그러세요, 아버지." 하면서 슬슬 장난도 치고 농담도 하고 제 의견을 무시합니다. 그 녀석들 팔 근육을 보니 제가 팔씨름도 질 듯합니다.

너무 황당에서 친구들에게 얘기했더니 저보고 미친놈이라고 합니다. 이게 정상이라나요. 이런 제길……

코로나 때문에 가정에서 영상으로 예배를 드리는데 제가 잠깐 졸았더니 아

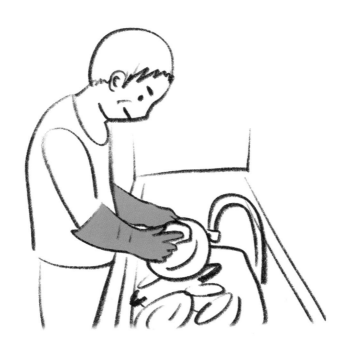

내가 밥을 굶으라는 겁니다. 그리곤 아들들이 돌아가면서 핀잔을 주고 놀리기도 합니다. 이런 어처구니가 없어서 말이 안 나옵니다.

그런데 더욱 황당한 건 제가 점점 이 문화에 익숙하게 빠져들고 있다는 겁니다.

어느 날은 제가 점심을 먹은 후 설거지를 하고 있더라고요.

"아이고, 인간 김태명이 이제 다 늙었네!"라고 웃었습니다.

지난주엔 큰아들이 저녁을 먹으면서 결혼을 하겠다고 하더라고요.

너무 기분이 좋았습니다. 그리곤 저에게 노후 걱정하지 마시고. 제가 모시겠다며 이제 편히 쉬시면서 엄마랑 여행도 다니며 살라고……. 저를 위로하는 겁니다.

그런데 이 말이 제게 위로가 되더라고요.

그리고 화장실에 가서 기분이 좋아서 웃었습니다……. 몰래요. 하하하.

요즘은 많은 생각과 기도를 하며 은퇴를 준비하고 있습니다.

그리고 수산시장 같은 데 나가서 운동 삼아 일하려고 합니다.

'마누라 잔소리도 들으며, 새 며느리 밥도 얻어먹으며, 손자들 재롱 보며 사는 것도 나쁘지 않겠다.'라는 생각도 해 봅니다.

이제 내일부터는 집안 가족들에게 좀 더 다정하게 대해주어야겠습니다. 물론 이미 저는 찬밥이 되었지만요…….

아, 그리고 방송 너무 재밌네요. 다음엔 제가 러시아에서 있었던 간증을 사연으로 보내겠습니다.

마지막 버들피리 공연

저는 평생 음악이 하고 싶어서 꿈을 꾸었지만 직업으로는 못하고 취미로 매일매일 악기를 다루는 70대 노인입니다.

저는 어릴 적에 음악을 너무 좋아해서 나팔을 불었습니다. 그냥 멋있고 좋아 보여서 악보도 못 보는데 무작정 어깨너머로 나팔을 배웠습니다. 그 중에 나팔은 너무 멋있어서 배웠습니다.

저는 6·25 때 태어났습니다.

황해도에서 태어나서 아버지와 어머니, 형과 함께 피난 내려와 어쩌다 보니 부산에서 살게 되었습니다. 이북에서도 교회에 다니셨고 저는 어릴 적부터 예수님을 믿었습니다. 그렇게 가난하게 살면서도 부모님은 저희 두 형제를 믿음으로 잘 키우셨습니다.

부모님은 부둣가에 나가 평생 일하셨고, 저는 형 손을 잡고 매일 매일 바닷가에 나가서 놀고는 했습니다.

제가 국민학교 들어갈 때쯤 어머님은 지병으로 돌아가셨습니다.

그리고 형은 집안일과 제 뒷바라지를 하느라 정말 고생이 많았답니다. 가난해서 친구도 많이 없었고, 친척도 없고, 저는 형만 졸졸 쫓아다녔습니다. 친구들이 때리거나 괴롭히면 형이 가서 혼내주었고……

형은 중학교 졸업 후 고등학교에 안 가고 공장에 나가서 일했습니다. 형은 만화가가 꿈이었는데, 그림 그리는 걸 너무 좋아했는데…….

막내는 공부를 시켜야 한다며 형은 그렇게 공장에 나가서 일했고, 저는 그 덕분에 철없이 고등학교까지 공부했습니다.

주일이면 아버님은 바닷가에 서서 하늘을 바라보시고 두고 온 당신 부모님과 엄마를 그리워하며 우시고는 했습니다. 그리고 버들피리로 찬송가를 부시고는 했습니다.

그렇게 세월이 지나 저는 어른이 되고 한 가정의 가장이 되었습니다.

아버님도 오래전 천국으로 가시고 저도 이제 황혼의 나이가 되었습니다.

진행자님, 저는 이제 어떡합니까. 제 하나뿐인 혈육인 우리 형이 너무 아픕니다. 저를 아들처럼 키워주고 돌봐 주었던 세상에서 하나밖에 없는 형이 몹시 아프답니다. 이제 병원에서는 임종 준비를 해야 한다고 합니다. 형과의 이별이 너무 힘듭니다. 이제 몇 주 남지 않은 형과 이별을 하기에 제가 너무 고통스럽습니다.

지난주 형이 저에게 "막내야, 형이 죽기 전에 네 나팔소리 한 번 듣고 싶다." 이러는 겁니다.

제가 무슨 소리냐고 "빨리 일어나서 나랑 산에 가야지!" 하고 화를 내버렸습니다.

형이 말하더군요.

"막내야, 네가 왜 나팔을 좋아하는지 아니?"

저는 모르겠다고 대답했습니다.

형은 "네가 아주 어릴 적에 아버지가 바닷가에서 버들피리 부시던 거 생각나니?" 이러는 겁니다.

네……. 생각이 어렴풋이 났습니다. 아버지가 주일마다 버들피리로 찬양과 노래를 부르시던 모습이요.

네, 맞습니다. 저는 어릴 적부터 그 소리를 계속 듣고 자랐고, 제가 그래서 나팔을 좋아하는 이유가 있었던 모양입니다.

그러면서 형이 "내 마지막으로 네 나팔소리 한 번 듣고 싶구나! 왜 있잖니? 아버지가 많이 부르시던 거, 그 찬양곡 한 번 들려주면 좋겠구나!" 하는 겁니다.

저는 울면서 그 찬양을 연습하였습니다. 그리고 오늘이 그날입니다.

제 평생 최고의 관객을 모셔놓고, 처음이자 마지막 공연을 하려 합니다. 이 공연을 천국에 계신 부모님도 같이 들어 주시면 좋겠네요.

나이 먹고 눈물만 많아졌습니다.

왜 이렇게 슬프고 서럽고 한스러운지……. 참 주책스럽습니다.

어제 국제 시장에 가서 나비넥타이도 샀습니다. 나비넥타이를 매면서도 눈물이 흐릅니다.

흰머리에 주름진 얼굴 그리고 낡은 양복과 해진 구두. 형이 30년 전에 사준 낡은 나팔 하나……. 가슴이 벅차오릅니다.

호흡을 가다듬고 숨을 크게 한번 마셨습니다.

"형님, 이제 우리가 이별하나요? 평생 가족들 뒷바라지하느라 고생 많았어요. 살면서 호강도 못 해보고 정말 애쓰셨어요. 우리 좋은 곳에서 만나는 거 알지요? 그래요. 다시 만나면 내가 형처럼 형을 돌보아 드릴게. 형이 그렇게 하고 싶었던 만화 그리는 일, 천국에서는 실컷 하시구려……. 형님, 미안합니다. 형님, 고맙습니다."

이제 저는 천국을 소망하며 나팔을 가지고 우리 형을 만나러 집을 나섭니다.

호흡이 있는 자마다 여호와를 찬양할지어다 할렐루야 (시편 150장 6절)

매월 첫째 주 주일

저는 영등포에 사는 김 집사입니다.

지난해 아버지를 하늘나라에 보내고 슬픔에 빠져있는 못난 아들입니다.

우리 아버지는 실향민이셨습니다. 어릴 적 전쟁통에 남한으로 넘어오시고 여기서 정착하셨지요. 영등포 시장에서 평생 과일가게를 하시면서 저를 혼자 키우셨습니다. 정말 고생만 많이 하시고 일만 하셨지요.

아버지는 통일이 되는 것을 늘 기대하고 소원하셨습니다. 거기에 어머니와 형제들을 두고 오셨거든요. 얼마나 보고 싶으셨는지 매일 소주 한잔을 기울이셨습니다.

어느 날 동네 친구분이 전도하셨고, 아버지는 이 세상에서 만날 수 없다면 천국, 하늘나라에서라도 어머니를 다시 뵐 수 있겠다고 교회에 다니시기 시작했습니다. 아마도 북한에서 할머니가 교회에 다니셨던 걸 기억하신 것 같습니다.

그리고는 매월 첫 번째 주일 예배를 마치시고는 북한 음식을 꼭 드셨습니다. 그러고 난 후 오후에는 저와 판문점이 있는 통일동산에 가셨습니다. 몇 시간씩 그쪽을 바라보며 한참을 눈을 감고 계시는 우리 아버지. 뭘 그리 생각을 하시는지 그때는 알지 못했습니다. 가끔은 눈물을 훔치시고 소리 내서 우시는 우리 아버지. 살아생전에 그곳을 가보고 싶으셔서 별의별 노력을 다하셨는데……. 제가 마음이 무척 아팠습니다. 10여 년을 아버지 손을 붙잡고 한 달에 한 번 그곳에 갔습니다.

아버지는 연세가 드시고 다리가 많이 불편하셨습니다. 그래서 2년간 휠체어에 모시고 그곳을 다녀 왔습니다. 아버지가 눈이 잘 안 보이시던 2021년 11월 첫 번째 주일에도 다녀 왔습니다.

그리고 그다음 날 아침, 아버지는 주무시면서 돌아가셨습니다. 눈을 감은 아버지 모습을 보니 판문점에서 그곳을 보면서 감고 계시던 눈과 똑같았습니다. 전 아버지를 수십 번 불러봤지만, 아버지는 눈을 뜨지 못하셨습니다. 저는 어린아이처럼 울고 또 그냥 울기만 했습니다.

진행자님, 사실 우리 아버지가 저를 낳았습니다.

제가 다섯 살 때 저희 아버지는 영등포 희망고아원에서 저를 데려다가 키우셨습니다. 저에게 사랑을 주시고, 저에게 살아있는 생명을 선물해 주셨습니다. 고아원에서 늘 말이 없었던 저를 아버지는 묵묵히 교육하고, 훈계하고, 사랑하셨습니다. 매일 집구석에 쪼그려 앉아 말도 못 하고 울고 있는 소심한 저를 천천히, 아주 천천히 시간을 두고 사랑으로 만지셨습니다. 그래서 저는 지금 다른 아들보다 더 마음이 아프고 또 아픕니다.

지금 글을 쓰며 흘리는 눈물은 50여 년간 아버지에게 받았던 사랑의 마음을 대신하기에는 너무 부족하니까요……. 저는 꺼져 가는 촛불과 같은 인생이었는데요……. 그런 저를 아버지가 다시 살려주신 거를 어찌 잊겠습니까?

그런 아버지는 소원을 이루지 못하고 하늘나라에 가셨습니다. 아버지가 돌아가시고 첫 번째 주 주일이 되었는데 갑자기 제 가슴이 뜨거워졌습니다. 아버지가 보고 싶어진 거죠. 그래서 제 아들을 데리고 그곳에 갔는데, 가자마자 저는 펑펑 울고 말았습니다. 아버지가 늘 계시던 곳에 다른 어르신이 아버지와 똑같은 표정을 하고 먼 산을 바라보고 계신 겁니다.

우리 아들의 위로를 받고 집에 돌아와서 아버지 유품들을 보다가 앨범을 보게 되었고, 거기에 낡은 사진 몇 장을 보게 되었습니다. 어릴적 아버지와 할머니의 사진이었습니다. 흑백 사진이었죠.

앨범에 있는 사진은 늘 보던 거였는데 그날따라 앨범 속 사진을 꺼내어 집었습니다. 그리고 뒷면을 보았습니다. 그런데 사진 뒷면에 적힌 메모가 적힌 사진 수십 장을 보게 되었습니다.

"어마니, 제발 꼭 살아만 계시라우요. 내가 반드시 돌아올 테니끼니. 건강하게 살아만 있으시라우요. 어마니 좋아하시던 꿩 만두 꼭 내가 만들어 드릴 테니까."

"어마니, 여기서 나 아들 하나 낳았어요. 이놈이 이뻐 죽겠어. 맘도 착하고 너무 이뻐. 어마니가 선물로 우리 아들을 보내준 거지? 우리 아들을 무지 사랑 해유. 허허허. 어마니도 이놈 좋아하실 거에요. 어마니, 사랑합니다. 어마니, 보고 싶습니다. 어마니, 그립습니다. 그립습니다……."

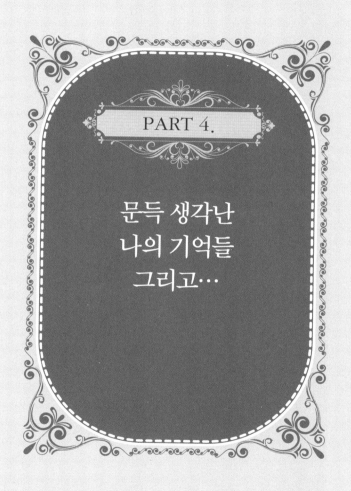

PART 4.

문득 생각난
나의 기억들
그리고…

김치 싸대기

저는 청주에 살고 있는 43세 김하ㅇ 집사입니다.

아들 둘을 두었고 신앙생활을 한 지 5년 정도 된 새내기 집사입니다.

우리 교회는 작은 교회로, 청주 시내에 위치하고 있으며 200여 명 정도 교인이 신앙생활을 합니다(교회 이름은 생략하겠습니다. 이해 바랍니다).

저는 마트에서 일하고 있고, 남편은 버스운전을 하고 있습니다.

그냥 평범하게 살아가고 있고 신앙생활도 나름 순수하게 하고 있는데, 이번에 교회 사람들에게 제가 시험에 들었습니다. 아니, 사실 삐져서 교회에 가고 싶지 않습니다.

저는 5구역에 소속되어 있고, 구역 인원은 10가정 정도입니다.

저희 구역장님은 50세이십니다. 나름 성격도 좋고 믿음도 좋아서 언니처럼 잘 따르곤 합니다.

제가 삐진 사건은 이렇습니다. 지난달부터 김장철이 되어서 구역에 집들이 김장을 하면 다들 가서 도와주기로 했습니다.

저는 마트에서 주 5일 근무를 하기에 토요일은 언제든지 일을 도와줄 수 있었습니다.

매주 토요일마다 구역 두 집이나 세 집이 모여서 김장을 공동으로 한다고 하길래 저는 피곤한 몸을 이끌고 가서 몇 주 도왔습니다.

고등학교까지 배구를 했던 저는 남들보다 손도 크고 일이 빨라서 솔직히 제가 거의 일을 다 했습니다. 그리고 수다도 떨고 수육도 삶아서 김장한 김치랑 먹고 몸은 피곤했지만 나름 재미있게 놀다 왔습니다.

그러던 지난주 토요일 우리 집 김장을 해야 해서 저도 단체 대화방에 와 달라고 며칠 전부터 글을 남겼습니다. 그리고 돼지고기도 준비하고 홍어도 특별히 준비했습니다.

그런데 그날 아침 평소 오시던 집사님 언니들이 다들 결혼식이다 또는 몸이 아프다. 갑자기 바쁜 일이 생겼다 등등. 이런 문자와 함께 아무도 우리 집에 오지 않았습니다. 구역장 언니 집사님은 아예 답장도 없이 안 왔습니다.

'내가 마트에서 일하고 가난하고 아무 존재감 없는 사람인가? 그래서 아무도 안 왔나?'

이런저런 생각에 너무 화가 났습니다. 완전 멘붕이었습니다. 아니, 눈물이 흐르고 너무나도 화가 나서 머리가 터지는 줄 알았습니다.

남편도 짜증이 났는지 그냥 둘이 하자고 고무장갑을 끼더라고요.

그리고 옆집 새댁과 몇 명 이웃 아줌마들에게 급하게 도움을 요청하여 김장을 마무리했습니다.

맘 같아서는 일일이 집에 찾아가서 김치로 얼굴에 싸대기를 날리고 싶은 마음입니다. 그리고 새우젓이나 갈치속젓을 얼굴에 뿌리고 싶을 만큼 화가 났습니다.

신앙도 좋고 믿음도 좋습니다만, 이게 뭡니까? 정말 기분이 너무 안 좋습니다.

코로나 때문에 주일도 교회에 안 가지만, 저는 교회를 진심으로 옮기고 싶습니다. 신앙도 좋지만, 사람을 인격적으로 대해야지 이건 참······.

살다 살다 김치 때문에 시험이 들었네요.

기도는 해보겠지만 마음의 분이 안 풀려서 죽겠습니다.

김칫소도 중요하지만, 사연을 보내고 마음속을 풀었더니 좀 나은 것 같습니다.

감사합니다.

이랬다저랬다

저는 부산에 사는 주부 30년 차, 세 아이의 엄마이자 60세인 류○○ 집사입니다.

부산에서 태어났고 부산에서 결혼해서 60여 년을 살았습니다.

오늘은 제 남편 얘기를 하고자 합니다. 제 남편은 저와 국민학교 동창입니다. 저희는 서로 사연이 같아 재혼을 하였습니다. 50여 년을 친구로, 동창으로, 연인으로, 부부로 이렇게 살았습니다. 성질도 급하고, 못되고 못된 성격을 가진 제 친구이자 남편…… 이제 정년퇴직을 하게 되었습니다.

제 남편은 한 가지 특징을 가지고 있는데요. 별명이 '결정 장애인'입니다. 어릴 적부터 지금까지 무언가 결정을 내리는 데 한참을 망설이며 이랬다저랬다 하면서 주위 친구들과 가족들을 아주 힘들게 했습니다. 중국 음식을 시켜도 자장면을 먹을지, 짬뽕을 먹을지 30분은 고민하고 이랬다저랬다 합니다. 동네에서 아주 유명합니다. 슈퍼에 가서도 아이스크림을 하나 골라도 10분은 넘게 걸립니다. 가게 냉장고를 열었다 닫기를 수십 번 하곤 합니다. 가게 주인은 이제 그러려니 하고 포기하곤 합니다.

옷을 사러 시장에 가도 한 가지 옷을 입었다 벗었다 결정을 하는 데 또 수십 분이 걸립니다. 식당에 가서도 어떨 때는 음식이 나오다가 다시 바꾸는 바람에 주인하고 싸우기도 많이 했습니다. 가족 여행을 가는데도 여행지를 고르다 고르다 너무 바꾼 나머지, 우리는 여행 당일에서야 목적지를 알게 되고는 했습니다. 제 기억에 해외여행도 태국에서 출발하여 당일 괌으로 바뀌기도 했습니다.

막내 이름을 지을 때도 동사무소에 네 번이나 가서 이름을 바꾸고 또 바꾸고 결국엔 첫 번째 이름으로 다시 바꾸었습니다. 언젠가 아들이 심각하게 아빠에게 "왜 그러시냐?"고 물어보았더니 결정을 할 때 일단 먼저 땀이 난답니다. 그리고 어지럽고 막~ 별별 생각이 나면서 결정을 잘 못 한답니다. 아무튼, 우리는 평생을 스트레스와 피곤을 느끼며 함께 살았습니다.

그리고 지난달 남편은 회사에서 정년퇴직을 했고, 교회에서는 축하 예배 및 간단한 축하 자리를 만들어 주었습니다. 남편은 마지막 인사말 시간에 5분 대담을 준비했습니다. 이것도 수일을 고민하고 고민하다가 결정을 했답니다. 그런데 마지막 남편의 인사말에 교회 교인들과 우리 가족은 눈물을 터트리고 말았습니다.

당시 남편은 안주머니에서 종이 하나를 꺼내서 천천히 읽어 내려갔습니다.

"안녕하세요. 저는 한 가지 약하고 못된 버릇이 있습니다. 여러분도 우리 가족들도 다 알죠. 아마 동네 사람들도 다 아실 겁니다. 저는 심각하게 결정 장애가 있습니다. 저는 오늘 아침에 집을 나설 때도 넥타이 하나를 고르려고 혼자 30분을 고민한 사람입니다. 저는 참 못난 사람이고 참으로 부족한 사람입니다. 저는 그래도 한평생 살면서 결정한 것을 변하지 않고 지킨 것이 다섯 가지가 있습니다. 한 번도 말하지 못한 제 얘기를 하고자 합니다.

1. 저는 하나님을 믿고 신앙생활을 한 것에 다시 번복하거나 바꾸지 않았습니다. 하나님을 한 번도 배신하지 않고 그분을 섬기고 봉사했습니다. 저는 한평생을 크리스천으로 당당하게 살았습니다.

2. 저는 이 교회를 한 번도 옮기지 않았습니다. 조금 서운하거나 화났을 때도 저는 한 교회를 섬기는 데 최선을 다했습니다.

3. 저는 한 직장을 한 번도 안 옮기고 다녔습니다. 조금 지겹고 힘들어도 저는 참았습니다. 저보다 후배가 직장 상사가 되고 자존심을 땅에 떨어뜨릴 만큼 힘든 날도 저는 버티고 또 버텼습니다.

4. 저는 30여 년 동안 부산의 ○○보육원에 한 번도 빠지지 않고 제 수입의 일부를 봉사했습니다. 집의 와이프에게 안 걸리게, 가족들에게 티 안 나게 30여 년을 그 고아원에 봉사하였습니다. 보육원 원장님이 세 번 바뀌어도 전 그 일을 멈추거나 변경하지 않았습니다.

5. 마지막 다섯 번째는 음······. 마지막 다섯 번째는 저희 아내와 아이들 가족에게 한 번도 사랑하는 마음을 바꾸지 않았습니다. 제가 부족하고, 꼰대 기질도 있고, 구두쇠고, 성격도 못되고, 자상한 아빠나 남편이 못 되었습니다. 그러나 이들을 지키고 함께 하기 위해서 기도와 신앙으로 잘 이겨내고 이 자리에 섰습니다. 사랑하는 친구이자 와이프 그리고 세 아이에게 이 자리를 빌려 미안하고 고맙다는 말씀을 드립니다.

그리고 남편은 돋보기안경을 안주머니에 넣고 찬찬히 자리에서 내려왔습니다. 교인들은 모두 다 기립해서 손뼉을 쳤고, 저와 아이들은 눈물이 터져서 어찌할 줄을 몰랐습니다.

남편이 너무 멋있었습니다.

흰머리에 낡은 양복 그리고 그의 걸음걸이가 멋있었습니다.

오늘 분명히 외식하러 가서 먹는 걸 결정하려면 또 30분이 걸리겠지만, 우리 가족은 오늘만큼은 행복한 마음으로 남편의 메뉴 결정을 기다리려 합니다.

도로교통법 12조 3항

저는 61세, 은퇴한 김○○ 장로입니다.

저는 35년간 지방에서 공무원 생활을 했습니다.

경찰 일을 했지요. 처음엔 의경으로, 교통과로, 나중엔 형사과로 발령받아 업무를 보았습니다.

이제 은퇴를 하니 지나온 세월이 주마등처럼 스쳐갑니다.

이 방송 듣다가 지난번 사연 듣고 얼마나 울었는지 모릅니다.

저도 아들을 한 명 어릴 적에 교통사고로 하늘나라에 보냈거든요. 그 충격으로 저는 교통과에서 형사과로 옮겼습니다.

가끔 보고 싶기도 하고 자주 생각이 납니다. 나중에 천국에 가면 그 녀석이 좋아했던 야구를 꼭 같이 해보고 싶습니다.

제가 경찰 생활하면서 잊지 못할 사건이 있는데 추억과 기억으로만 남기기에 아쉬워서 사연을 보냅니다.

사건은 10년 전에 있었던 보이스피싱(전화금융사기)입니다.

할머니 한 분이 보이스피싱 전화에 속아서 모아둔 용돈을 사기당하실 위기에 처했는데 마트 직원이 알아채고 빠른 대응을 하여 위기를 넘겼습니다.

현장에서 보이스피싱 중간책을 체포하고 할머니에게 돈을 돌려드렸는데, 이 할머니가 경찰서에서 한 시간을 기도하고 또 기도하시는 겁니다.

그리고 이 할머니는 이 돈을 어려운 이웃에게 주겠다고 하시면서 저한테 주시는 겁니다. 저는 한사코 말리고 말렸지만, 할머니는 고집을 꺾지 않으셨습니다.

그래서 행정 절차를 통해서 지역 어려운 기관에 기부했습니다.

제가 할머니에게 기부하는 이유를 물어봤습니다.

할머니는 예상하지 못했던 답변을 하셨습니다.

"내가 스무 살의 어릴 적 공장에 다니며 처음 주님을 만났을 때 울면서 약속을 했거든……. 내가 하늘나라 가기 전에 꼭 한번은 어려운 이웃을 돕겠다고 예수님과 약속을 했어요. 그 약속을 지키라고 이런 큰일을 겪게 하신 게 틀림없어."

이렇게 말씀하시는 겁니다.

저는 머리가 띵했습니다. 어릴 적 주님과 약속을 지키시려고 적지 않은 돈을 기부하셨던 겁니다.

저는 그날 집에 와서 생각이 많았습니다.

그리고 저도 주님과 한 약속이 한 가지 생각이 났습니다.

제 아들을 하늘나라로 보내고 울면서 주님과 약속을 한 것이었습니다.

그리고 바로 다음 날 약속을 지키기 위해 봉사를 시작했습니다. 아침 출근 전에 동네 학교에 가서 교통정리 봉사를 시작했습니다. 아이들 등교 시간에 안전하게 건널목, 그리고 잘 등교할 수 있게 하루에 30분씩 지금까지 봉사하고 있습니다.

그런데 어느 날, 환상인지 착각인지 우리 아들이 학교 횡단보도에 서서 저에게 손을 흔드는 것이었습니다. 눈을 비비고 다시 봐도 아들이 길 건너에서 저에게 손을 흔들었습니다.

다른 쪽 신호등이 열리고 저는 그 방향 쪽을 보고 수신호를 한 뒤 다시 그 아이를 보는데, 그 아이는 거짓말처럼 없어졌습니다.

제가 잘못 본 걸까요. 아니면, 천사가 되어서 잠시 저를 만나러 온 걸까요. 분명히 우리 아들이었는데…….

목사님께 상담을 드렸더니 "주님께서 잠시 보고 싶어 했던 아들을 보여 주시고 천국에 소망을 주신 것이 아니냐."고 말씀해 주시더라고요.

그 후로 그 횡단보도에는 아들이 보이지 않았습니다.

그래도 그쪽을 가끔 쳐다보는 제 마음은 숨길 수가 없네요.

앞으로 우리 아이를 가슴에 묻고 어려운 이웃과 아이들을 돕는 사람이 되고 싶습니다.

방송, 감사합니다.

허참견 씨

저는 한국에서 가장 아름다운 곳 부산 해운대에 살고 있는 허참견 부인 김연경 집사입니다.

허참견이 누구냐고요? 오늘 제가 고자질 뉴스처럼 얘기하고픈 저희 철없는 남편입니다.

얼마 전 방송 '이랬다저랬다'편을 듣고 그 부인도 참 힘들겠다고 생각했지만요. 제 사연이 훨씬 힘들게 살고 있다는 것을 알리고 싶어서 사연을 보냅니다.

제 남편은 허참견. 별명 그대로 24시간, 365일 남의 일에 참견하는 일에 삽니다.

아마도 남의 일에 참견하는 것은 올림픽 금메달감입니다.

일단 어린 시절 이 분의 유명한 일화부터 소개하겠습니다.

1. 어릴 적에 본인 돌잔치 음식을 집에서 만들 때 자기가 다 참견해서 좋아하는 것으로 만들었답니다. 무슨 말도 안 되는 얘긴지? 시어머니께 여쭈어봤더니 그냥 웃으시면서 미친놈이라고만 하십니다.

2. 학교 다닐 때 선생님께서 남자아이와 여자아이를 짝지어 줄 때 우리 허참견 씨께서 다시 짝을 바꾸어야 한다고 참견했다가 출석부로 엄청나게 맞았답니다. 아마도 자기 짝이 맘에 안 들었겠죠…….

3. 중고등학교 시절에는 교문 앞 선도부 형들에게 나불대며 까불다가 엄청나게 두들겨 맞았고. 담임 선생님 수업 시간이 지루하다고 지적했다가 역시 '눈탱이가 밤탱이'가 됐답니다. 학교 친구들한테 물어보면 별명이 허참견이 아니고 허풍이었답니다. 아마도 남편은 참견은 기본이고 허풍을 떠는 것을 즐기며 살아온 것 같습니다. 하긴 저와 연애할 때 본인은 건물주라며 저에게 거짓말을 했습니다. 거기에 제가 속아서 결혼했지요. 건물은 무슨. 마당 있는 집에 작은 개집 하나 있더니만요. 건물이 어디 있냐고 물어봤더니 자기 마음속에 짓고 있답니다. 저는 밤에 베개로 얼굴을……. 아무튼, 참았습니다.

4. 본인이 군대에 있을 때 강원도 공비 침투 사건이 있었답니다. 본인이 작전에 참여하여 기가 막힌 의견을 내서 공비를 다 때려잡았답니다. 그리고 본인이 국방부에 얘기해서 군인들 월급이 올랐고 휴가도 길어졌다고 합니다. 나중에 안 사실인데 이 사람, 6개월 방위 나왔답니다. 그것도 동사무소 '똥 방위'를 나왔답니다. 친구

들은 다들 친하지만, 정신병자 취급을 하는 모양새입니다. 여기까지는 다 자기주

장입니다.

저를 만나고 결혼을 준비하면서도 웨딩드레스 참견부터 신부 화장 참견에, 식장, 주례 참견 등등……. 진짜 '참견의 왕'이더라고요.

아이들을 낳고 유치원 다닐 때부터 얼마 전 취업을 할 때까지 정말 옷 입는 것부터 신발 신는 거까지 모두 다 참견을 합니다. 우리 애들이 착해서 그렇지 다른 애들 같았으면 아마도 가출을 밥 먹듯이 했을 겁니다.

동네에서는 복덕방 할아버지들과 장기를 두다가 훈수를 두고 참견하는 건 기본이고요. 그래서 장기판이 뒤집힐 때가 한두 번이 아닙니다.

명절 때 제 오빠들과도 화투 치다가 싸워서 담요와 화투가 천장까지 날아간 적이 많습니다. 그래서 이번 명절 때는 코로나도 그렇고 안 올 모양입니다. 그랬더니 허참견 씨는 가족들과 전화로 수다를 몇 시간씩 떱니다.

왜 그렇게 남의 일에 참견하냐고 제가 잔소리를 많이 하고 피 터지게 싸웠는데 제 말은 들은 척도 안 합니다.

"사람들과 가족들의 사랑과 관심"이랍니다. 무슨 호랑 말코 같은 소린지 모르겠습니다.

해운대에서는 이런 일도 있었습니다. 휴가철에 해수욕장에서 비키니를 입은 아가씨들에게 옷이 야하다느니, 어쩌다느니 하면서 지적하는 겁니다. 그러다 같이 온 남자들에게 맞아 죽을 뻔했습니다. 눈치는 빨라서 도망가는 건 엄청 빠릅니다. 눈 깜짝할 사이에 오토바이 속도로 없어졌습니다.

저는 더는 못 참고 대판 싸웠습니다. 그리고 일주일은 말을 안 했습니다.

그런데 남편의 참견은 교회에서도 마찬가지입니다. 교회 회의를 하면 목사님보다 의견과 질문이 더 많습니다. 지난번 교회 건축할 때도 거의 허참견 씨 주장대로 교회가 지어졌습니다. 목사님은 원로 목사님이신데 우리 남편이 그냥 귀엽답니다. 다른 사람처럼 머리 굴리거나 이기적인 참견이 아니고 순수하게 걱정하고 고민하면서 의견을 내는 거랍니다.

하긴, 우리 남편 신앙생활 하나만큼은 정말 순수하게 기도를 쉬지 않고 잘하고 있습니다. 그래서 아이들이 잘 자라주었는지 모릅니다.

세상 모든 것에 관심이 많은 남편 허참견 씨. 이제 60대인데 머리도 벗어지고 배도 나오고…… 그래도 가족들을 위해서 한평생 카센터를 하면서 살았습니다. 40대 때 큰 병이 걸려 수술을 하기도 했는데요. 늘 건강하고 아프지만 않았으면 좋겠습니다. 남의 일에 참견해도 좋으니 아프지만 않았으면 좋겠습니다.

참, 남편 사연을 보낸 이유가 또 있습니다. 이 방송을 허참견 씨에게 들려주었는데 역시나 방송에 관하여 참견을 하네요.

진행자님, 허참견 씨 의견 참고해주셔요. ㅎㅎㅎ 사연이 너무 짧아서 좀 그렇답니다. 음악을 줄이고 진행자님께서 사연을 많이 소개하랍니다.

그리고 시원시원하게 막 사람들 까실 때 있잖아요. 그게 너무 좋답니다. 딱 자기 스타일이라네요. 참고하세요.

1954년 부산 자갈치 시장 앞

경남 창원에 살고 있는 88세 이영길 장로입니다.

저는 이제 노인입니다. 제가 컴퓨터를 못 해서 일부는 제가 쓰고 나머지는 손자를 시켜서 말로 사연을 씁니다.

저는 제 아들 얘기를 할까 합니다.

이제 65세 정년 은퇴를 하는, 멋진 아들을 축하해 주고 싶습니다.

저희 아들은 평생을 직장에 다니고 이제 하는 일을 멈춥니다. 이 아이를 6·25가 끝나자마자 만났습니다. 부산에서 살면서 두 형제를 키웠는데 작은 아이는 사고로 열 살 때 하늘나라로 보냈습니다.

저는 이 아이를 신앙으로 키웠습니다. 가난했지만 매일 새벽기도와 주일 성수, 감사 헌금, 십일조 헌금을 가르쳤습니다.

저는 부산에서 작은 가게를 하며 아이를 키웠습니다. 제 아내는 작은 아이가 세상을 떠나고 그 충격으로 시름 시름 앓다가 그해에 먼저 저세상으로 갔고, 저는 단칸방에서 이 아이와 살았습니다.

가난했지만 정말 정말 열심히 살았습니다. 엄마도 없이 혼자 밥도 해 먹고, 설거지도 하고, 빨래도 하고, 우리 아이는 정말 착하게 자라주었습니다.

믿음으로 잘 커 준 아이……. 공부도 열심히 해준 우리 아이……. 저는 이 아이만 바라보고 살았습니다. 그렇게 어렵게 공부를 마치고 좋은 기업에 들어갔고, 세월이 흘러 이제 다음 주에 정년 퇴임합니다. 결혼도 좋은 사람 만나서 하고 두 아이의 아빠이기도 합니다.

제가 너무 제 아들 자랑만 했나요? 그럴만한 이유가 다 있지요. 이 늙은이가 이렇게 좋아하는 것, 조금 너그럽게 이해해 주시길 바랍니다.

아들, 보아라.

너를 처음 만난 그날, 1954년 12월 21일 새벽 5시 부산 자갈치 사장 앞. 너는 큰 소리로 울고 있었고 추운 겨울에 이불 같은 보자기에 싸여 있었지! 아버지는 너무 깜짝 놀라 울고 있는 너를 발견하고, 너를 무조건 안고 집으로 향했다.

네 손에 들려 있는 종이 한 장과 그때 돈 10원이 들려져 있었다. 그 종이 한 장에는 네 이름과 네 연생일. 그게 전부였다.

며칠을 고민 끝에 너를 보육원에 맡기려고 수소문했지만 인원이 꽉 찼었고, 너무 어린아이라 맡겨질 상황이 아니었단다.

너를 동냥 젖을 먹이며 조금만 키우다가 보육원에 보내야 한다고 마음먹었지만, 나를 쳐다보는 네 눈이 얼마나 이쁘던지 차마 너를 보낼 수 없었다.

그렇게 동네 아주머니들의 도움과 교회 목사님의 도움으로 너는 내 아들이 돼서 잘 자라주었다. 너희 엄마도 너를 무척 사랑했고 정을 많이 주었지.

어릴 적 아버지만 기다리던 네 모습이 눈에 선하다. 일을 마치고 집에 오면 너는 마당에 앉아 나뭇가지로 뭘 그리 열심히 쓰는지……. 그러다 내게 달려와 내 품에 안기고는 했지. 아마도 네 외로움이, 네 슬픔이 그 마당에 가득했을 거라 생각된다.

실은 아들에게 한 번도 못 했던 이야기가 있었다.

네가 일곱 살 되던 해에 어떻게 수소문을 했는지 네 친모가 찾아왔었다. 아마도 네 이름을 그 종이에 적힌 대로 호적에 올려서 찾을 수가 있었던 것 같다. 난 많은 생각을 했었다. 도망도 치고 싶었다. 너를 보내기가 싫었는지도 모르지!

다행인지 불행인지 네 생모는 그냥 네 얼굴을 한 번만 보고 간다고 하고 멀리서 너를 보고 말없이 갔단다. 그리고 다시는 찾아오지 않았다.

옷차림이 너무 안 좋아서 이 아비가 돈과 네 백일사진 한 장을 손에 쥐여주었다. 그분도 평생을 너를 가슴에 품고 살았을 것이 분명하다.

그렇게 잘 자라준 아들, 이제 멋지게 은퇴를 하는 모습을 보니 이제 죽어도 여한이 없구나! 제2의 인생을 맞은 걸 축하한다. 건강하길 바란다.

아버진 요즘 사실 아침마다 숨이 가쁘구나! 이제 기력이 얼마 남지 않은 듯하네그려. 이제 아들과 이별하는 날도 멀지 않은 것 같구나…….

네 아버지로 살아서 기쁘고, 감사했다. 그리고 무척 행복했다.

아들, 우리 아들, 고맙고 사랑한다.

내 아들아 네 아비의 훈계를 들으며 네 어미의 법을 떠나지 말라 **(잠언 1장 8절)**

아버지의 낡은 구두

저는 서울 강동구 천호동에 사는 조석훈 집사입니다.

저는 오늘 아버지 얘기를 하려고 큰맘 먹고 편지를 씁니다.

저희 아버지는 구두 수선공입니다. 말이 좋아 수선공이지 구두를 닦으셨습니다. 동네 버스 정류장 앞 한 평도 되지 않는 작은 공간에서 구둣방 일을 40년 하셨습니다. 무더운 여름에는 부채질하시며 견디셨고, 추운 겨울에는 작은 난로 하나로 버티셨습니다.

아버지는 워낙 손재주가 좋으셔서 구두를 닦기도 하고 수선도 하셨습니다.

어릴 적 전쟁통에 내려오셨습니다. 밤길거리에서 주무시고 구두닦이를 하시면서 끼니와 잠자리를 해결하셨답니다.

서울 영락교회(고 한경직 목사님) 설교에 은혜를 받아 명동에서 구두를 닦으며 소년 시절을 보냈는데, 아버지는 한 목사님 구두를 몇 번 닦아 드린 것이 자랑이라며 늘 웃으셨습니다.

저는 장남이고 어릴 적부터 아버지가 구두를 닦는 일을 보면서 자랐습니다. 온종일 검은 구두약을 손에 묻히고 수십, 수백 컬레의 남의 구두를 닦아서 저희 3남매를 키우셨습니다.

매일매일 아버지 손에는 구두약이 묻어 있었고, 저녁에 들어오셔서 아무리 손을 닦아도 지워지지 않는 검정 구두약……

저는 어린 시절, 이런 아버지가 싫었습니다. 친구들 아버지는 넥타이에 양복을 입고 구두를 신고 회사에 가시는데, 아버지는 매일 작업복에 운동화를 신고 땀을 흘리며 일하셨습니다. 솔직히 창피했습니다. 친구들이 집에 놀러 오는 게 싫었고, 그래서 저는 아버지가 지방에서 일하신다고 거짓말을 하였습니다.

제가 고등학교 때 학교 등록금 때문에 아버지에게 급하게 돈을 받아야 하는 일이 있었습니다. 그래서 아버지 일하시는 곳에 갔습니다. 그런데 어떤 젊은 아줌마가 구두를 손에 들고 아버지에게 엄청 화를 내시는 것이었습니다. 아마도 구두 굽 수선이 잘못되었나 봅니다. 아버지는 머리를 계속 조아리시며 그 아줌마에게 사과하셨습니다. 이렇게 사과를 안 하면 아마도 구두를 새 구두로 사주어야 하나 봅니다. 그렇게 되면 하루 일한 것이 다 물거품이 되니 아버지는 계속 머리를 조아렸습니다.

저는 그날 집에 가면서 엄청나게 울었습니다. 가슴이 먹먹하고 미어져서 눈물을 멈출 수 없었습니다.

그리고 그해 방학 때부터는 제가 아버지 구둣방에 가서 잔심부름하면서 아버지를 도왔습니다.

처음에는 아버지가 오지 말라고 하시고 화도 내셨지만, 저는 끝까지 우기고 아버지를 도왔습니다.

그렇게 세월이 흘러 구두 수선공 구두닦이 아버지는 할아버지가 되셨고, 지금도 아버지 손은 손가락이 검게 물들어 있습니다.

진행자님, 지금 아버지가 아프십니다. 올봄에 쓰러지셔서 많이 아프십니다. 그래서 병원에 계시는데요. 의식이 없으십니다. 이제 며칠 후면 가족들과 동의서를 쓰고 아버지를 떠나보내야 합니다. 아버지에게 마지막 인사를 하러 가야 하는 날인데 아버지 집에 오늘 와보니 신발장에 헌 구두가 서너 켤레 있네요.

그리고 그 헌 구두 하나를 제 손에 들었습니다.

아버지, 늘 고생만 하신 우리 아버지.

매일 구두 닦느라 얼마나 힘들고 고생이 많으셨어요.

엄마 일찍 하늘나라에 보내고 우리 셋을 키우시느라, 동전 몇 푼 버시느라 남들이 신던 냄새 나는 신발을 수선해주시고 닦아주시던 아버지.

제가 고등학교를 졸업하고 바로 직업 군인이 되겠다고 하사관으로 군대에 가서 아버지는 많이 속상해하셨죠.

첫 휴가 나왔을 때 아버지가 제 군화를 물광이 날 만큼 닦아주실 때 저는 아버지의 어깨가 많이 늙은 것을 알았죠.

아버지, 지금 제가 아버지의 낡은 구두를 닦고 있어요.

아버지께 배운 대로 예쁘게 닦고 있는데, 그런데 왜 이렇게 눈물이 나나요. 멈추지 않아요.

아버지 구두를 마지막으로 닦아드리고 싶어서요.

구두약을 발랐어요. 그리고 광을 내고 싶은데…….

그런데 10분이면 닦을 구두를 1시간이 넘도록 닦지 못하네요.

구두에 떨어지는 제 눈물이 이렇게 시간을 끌어버리는가 봐요.

이제 아버지, 우리 곁을 떠나 어디를 가시나요?

이 구두를 신고 먼 길을 가시는 건가요?

항상 걸으시던 뒷모습이 선한데 이제 이 길을 가시면 다시는 안 오시는 거죠?

이제 아버지를 못 보는 거죠?

다시는 볼 수 없는 거겠죠?

아버지, 가지 마세요.

아버지, 가지 마세요.

아버지, 아버지……. 이제 주님 안에서 평안히 쉬세요. 아버지, 안녕…….

아버지, 사랑합니다.

애들아! 이건 아닌 듯하다

안녕하세요. 주고은 집사입니다.

이제 4학년이고 두 딸의 엄마입니다.

저는 저희 아버지 얘기를 할까 합니다.

저희 아버지는 2년 전부터 요양원에 계십니다. 많이 아프시냐고요? 연로하시고 아프시기도 하지만 저희 4남매가 재정적으로 넉넉지 않고 혼자 계신 아버지를 부양할 수 없어서 아버지를 요양원에 모셨습니다. 아버지는 거기가 더 편할 것 같다며 너무 좋아하시는 겁니다.

맘도 안 좋고 죄를 짓는 것 같아 너무 힘들었는데 벌써 2년이 흘렀네요.

저희 4남매 중 오빠들 그리고 저와 여동생은 넉넉지 못하게 살고 있기에 아버지를 간호하거나 모실 수는 없었습니다. 그렇게 아버지를 요양원에 모시고 한 달에 한 번 정도 아버지를 보러 갔습니다.

아버지는 우리가 갈 때마다 "뭐 하러 왔어. 나 편하게 잘 있는데……. 걱정하지 마라. 애들은 잘 있지······?" 그러시며 웃으십니다.

철없는 막냇동생은 "아버지, 여기는 에어컨도 잘 나오고 TV도 엄청 크네!" 이러면서 웃고 떠듭니다.

아버지의 눈빛은 웃으셨지만 슬퍼 보였습니다.

그런데 요즘 코로나로 찾아뵐 수도 없어서 전화로만 안부를 여쭙습니다. 그래서 늘 죄송하고 늘 가슴이 먹먹합니다.

그런데 지난달 엄마 기일에 가족들이 모여서 예배를 드리고 아버지랑 통화했습니다. 그런데 갑자기 큰오빠가 펑펑 우는 겁니다. 큰 소리로 울었습니다. 평소에 우는 오빠가 아니거든요. 우리는 영문도 모른 채 오빠를 쳐다만 보았습니다.

오빠가 무겁게 이야기를 꺼냈습니다.

"사실은 너희에게 할 말이 있는데 너희 어릴 적에 아버지 사업이 부도가 나서 집이 어려울 때가 있었어. 빚쟁이들이 몰려들어서 집안에 빨간 딱지를 붙이고 가재도구나 옷까지 다 챙기는 그런 절박한 상황이었어. 그리고 작은아버지와 막내 고모에게 우리가 잠시 맡겨지는 상황이었단다."

곰곰이 생각해보니 제가 아주 어릴 적에 잠시 고모 집에 산 적이 있었던 것 같습니다.

"몇 개월 후 아버지는 어디서 빚을 내셨는지 언덕 위에 작은 판잣집을 구하셨고, 우리 넷을 다시 집으로 데리고 오셨어. 그리고 아버지는 닥치는 대로 일하시고 또 일하셨지. 그렇게 아버지는 우리를 공부시키고 결혼을 시키셨는데~. 애들아! 이건 아닌 것 같다. 이건 아닌 것 같아. 기도를 해봐도 마음에 평화가 없어."

그리고는 계속 펑펑 울었습니다.

한 시간 동안 침묵이 흐르고 우리는 약속이나 한 것처럼 가족회의를 진행했습니다.

우리는 대화를 하는 동안에도 계속 울었습니다. 너무 목이 메고 아버지에게 너무 미안해서 가슴이 아팠습니다.

그리고 우리는 어렵지만, 돈을 모아서 아버지를 모시기로 했습니다. 이제 다음 주면 아버지를 큰오빠 집으로 모십니다.

옆에서 울면서 미안하다고 고백하는 큰언니도 정말 고맙습니다.

아빠, 나야. 큰딸 고은이.

아빠, 너무 미안해요. 우리 넷을 키우시느라 너무 고생하셨는데…….

아빠 주름을 보면 우리는 아빠 주름을 우리가 먹고 큰 것 같아요.

어릴 적에 있었던 기억은 나는 어려서 몰랐지만 지금 생각 해보면 아빠가 겨울에 연탄 아낀다고 우리를 꼭 껴안고 잤던 거 기억나요…….

그리고 아빠는 밥을 조금 드시고, 우리에겐 밥을 많이 주시고, 달걀프라이 해주시고, 엄마랑 찬물로 설거지하고, 아침부터 행상과 막노동을 하며 우리 넷을 키우셨죠.

가족은 헤어져 사는 게 아닌데 우리가 너무 잘못했어요. 우리가 너무 죄송해요. 아빠…….

손주들도 얼마나 보고 싶으셨을까…….

얼마나 몸서리치게 가족들이 보고 싶으셨을까…….

가족들이 이렇게 많이 있는데 얼마나 두렵고 외로웠을까…….

생각만 해도 또 눈물이 나요.

아빠, 이제 다음 주면 아빠 좋아하는 장칼국수 제가 맛있게 만들어 드릴게요.

그리고 우리 가족 이제부터 신앙생활 잘하고 행복하게 살아요.

아빠, 이제 아빠 눈에서 아픈 눈물, 외로운 눈물, 두려운 눈물 흘리지 않게 우리가 아빠와 함께 할게요.

아빠, 다시 한번 죄송해요. 미안해요.

그리고 이제는 아버지라고 부르고 싶네요.

아버지, 우린 그간 장님이었어요. 아버지란 존재가 매일매일 걱정하는 삶의 무게와 고민에 가려져서 우리는 눈먼 장님으로 살았습니다. 아버지는 거기서 더 눈이 안 보일 만큼 힘들게 사셨지요.

아버지는 옛날 기억만 하시면서 하루하루 미소 지으며, 그리워하며 또 그리워하며, 외롭게 사셨을 터.

이제 우리가 눈을 떴습니다.

이제 아버지가 보입니다.

이제 작지만 커다란 마음으로 서로를 쳐다보고 우리가 장님이 아닌 것을 느껴요.

아버지…….

아버지, 우리 큰딸이 선교사의 사명을 위해 요즘 기도하고 꿈을 꿉니다.

아버지가 집에 오셔서 얼른 기도해 주시고 축복해 주세요.

아버지, 사랑합니다.

주모와 구만리 선생

저는 목포에 사는 구만리 집사입니다. 물론 가명입니다.

목포에서 태어나 학교에 다니고, 장가를 가고, 아이를 낳았습니다.

저는 마흔이 되도록 장가를 못 갔습니다.

어릴 적부터 엄청 짓궂어서 말썽만 피고, 공부도 안 하고, 매일매일 놀러만 다녔습니다. 국민학교 때는 아침부터 저녁까지 사고만 쳤습니다.

아침 등굣길 동네에서 우유 훔쳐 먹고, 학교에 가자마자 친구들 도시락 까먹고, 문방구에서 물건 훔치다가 걸려서 매일 혼났습니다.

공부요? 그게 뭡니까? ㅎㅎㅎ 저는 그냥 도시락 먹으러 학교에 갔습니다.

그리고 여자애들 엄청나게 괴롭혔습니다. 고무줄 끊고 도망가는 것은 기본이고요. 아이스께끼는 매일 했습니다. 때리고, 꼬집고, 정말 개구쟁이를 넘어 말썽꾸러기였습니다.

제 짝이요? 그 여자애는 저한테 매일 괴롭힘을 당했습니다.

제 짝 별명도 제가 지어주었습니다. '주모'였습니다. 성이 주 씨라 주모라고 부르고, 매일 막걸리 가지고 오라고 놀렸습니다. 교실에서 책상 중간에 칼로 선을 긋고 넘어오는 순간, 바로 전쟁. 짝 주모를 괴롭혔습니다.

어느 날은 쥐를 그 친구 가방에 넣어서 제 짝이 기절을 한 적도 있었습니다.

그래서 얻은 제 별명이 구만리입니다. 무슨 뜻이냐고요? 평생 앞길이 깜깜하고 희망이 안 보여서 구만리입니다. ㅋㅋ

그리고 졸업을 하고 일하기 싫어서 군대에 하사관으로 지원을 했습니다. 군대에 가서 맨날 사고만 치다가 거짓말처럼 군대 교회에 가서 주님을 만났습니다. 솔직히 초코파이 먹으러 부대 교회에 갔다가 하나님 말씀에 제가 은혜를 받고 주님을 영접한 거죠.

그리고 제대 후 배를 타는 고기잡이가 되었는데요. 어쩌다 보니 결혼을 못했습니다.

결혼을 포기한 채 마흔이 되었는데요. 어느 날 친구 놈이 선을 보라는 겁니다. 한사코 거절했는데 너무 졸라대서 할 수 없이 선을 보았습니다.

그 자리에 나온 여자분은 어딘가 낯이 익은 듯했습니다.

그 여자분도 저를 한참을 쳐다보더라고요.

적막의 시간이 5분쯤 지났나?

"어, 주모?"

"야! 너 구만리?"

아이고 맙소사.

네. 수십 년 만에 맞선 자리에서 만난 그 여성은 어릴 적 동창 제 짝 주모였습니다. 엄청나게 깔깔대며 웃고, 우리는 반갑게 인사를 나누었는데……

뭐가 어떻게 되었는지 우리는 계속 보게 되었고, 지금은 제 옆에서 밥을 하고 있습니다.

저요? 저 요즘 말로 완전 '꽝' 됐습니다. 어떻게 사냐고요? 그걸 꼭 말로 해야 아시겠어요? 저는 지금 세 가지 직업으로 인생을 살고 있답니다.

첫 번째는 노예로 살고 있습니다. 무슨 말만 하면 등을 맞습니다. 무슨 동네 개도 아니고. ㅠㅠ 시도 때도 없이 등을 맞아서 도망가고 싶습니다. 이 글을 통해서 주모에게 할 말이 있습니다.

"어이! 밥 먹을 때는 개도 안 때린다는데……. 제발 밥 먹을 때는 등 좀 때리지 마……. 알았지?"

두 번째는 청소부로 살고 있습니다. 아침부터 저녁까지 집에 있을 때 매일 청소만 합니다. 매일 쓸고 닦고 치웁니다. 청소 노이로제가 걸릴 것 같습니다. 그리고 제발 신형 청소기로 바꾸어 주었으면 좋겠습니다.

세 번째는 그냥 어부로 살고 있습니다. 매일 바다에 나가서 고기잡이하고 있습니다. 돈 갖다 주고, 해주는 밥 먹고, 청소하고 등 얻어맞고, 그냥 세끼 밥만 먹여주면 됩니다. ㅎㅎㅎ

불행하냐고요? 아뇨. ㅎㅎㅎ 행복합니다. 정말 감사하고 또 감사합니다.

늦게 만난 제 짝에게 감사하고, 늦게 만난 제 늦둥이에게도 감사합니다.

그리고 저를 만나주신 주님께도 정말 감사합니다.

이제 남은 구만리 같은 인생, 열심히 최선을 다해 노예로, 청소부로, 어부로, 또 한 여자의 짝으로 믿음 가지고 성실히 살겠습니다.

비단 구두

저는 현재 57세로, 경기도 안양에 살고 있는 집사입니다.

자주 방송을 듣고 울다가 웃다가 합니다.

그럼 어디에 털이 난다고 하는데 아직 확인된 바는 없습니다.^^

제가 오늘 사연을 보내는 것은 저희 친정 큰오빠 얘기를 하고 싶어서입니다.

저희 큰오빠는 이제 은퇴를 앞두고 있습니다.

부모님이 일찍 돌아가시고 큰오빠는 중학교만 졸업한 채 우리 4남매를 책임지는 가장이 되었습니다.

17세 때부터 공장에 다녔고, 건설 현장에서 일하면서 동생 셋을 공부시키고 헌신하셨습니다. 비가 오나 눈이 오나 한 번도 빠지지 않고 생활 전선에 나가신 큰오빠. 부모님 없는 아이라는 소리 안 듣게 하려고 정말 열심히 사셨습니다.

　저는 막내라 철부지였는지 맨날 시장가면 새 옷 사달라고, 새 신발 사달라고 엄청 생떼를 부렸습니다.

　제가 신발을 무척 좋아했거든요. 특히 검은색이나 빨간색 구두를 엄청나게 좋아했어요. 흰 타이츠에 치마를 입고 얼마나 그 예쁜 구두를 신고 싶었는지 모릅니다.

　저희 큰오빠가 저를 등에 업고 시장에 갈 때면 저는 스르르 잠이 들었습니다. 오빠 등이 정말 넓었고 따뜻했던 기억이 납니다.

　그리고 저는 노래를 불렀던 기억이 나네요.

"뜸북뜸북 뜸북새 논에서 울고……. 우리 오빠 말 타고 서울 가시면 비단 구두 사가지고 오신다더니……."

아마도 새 신발을 사달라고 제가 노래로 생떼를 부린 것 같습니다.

신발은 못 사주고 떡이나 만두를 제 손에 주면 그걸 또 울면서 먹었던 기억이 납니다.

오빠는 배부르다고 한 개도 안 먹고 저를 다 주었습니다.

붉은 노을이 하늘을 덮었던 어느 가을 저녁, 오빠 등에 업혀 시장에 다녀오는데 오빠가 우는 걸 알았습니다. 거친 호흡과 눈물을 흘리는 소리가 오빠 등에도 전달이 되더라고요.

오빠 등에서 온종일 일했던 땀 냄새가 진동했지만 저는 싫지 않았습니다.

저는 자는 척했습니다. 오빠가 울면서 걷다가 집을 지나쳐서 걷더라고요.

저는 그날 이후로 다시는 오빠 등에 업히지 않았습니다.

어른이 돼서 생각해 보면 철부지 소년이 얼마나 놀고 싶고 얼마나 공부를 하고 싶었을까?

어린 세 동생을 키우고 공부시키느라 얼마나 힘들었을까……. 생각해 보면 가슴이 아픕니다.

다들 결혼하고 아이들을 낳았는데요. 큰오빠도 늦게 결혼을 해서 아들 하나를 낳았는데 아이가 발달 장애가 조금 있습니다.

병원 치료도 하고, 큰 노력을 했습니다. 그런데 어른이 되었어도 조금 정상인이 아닙니다.

큰오빠의 허리가 더 굽어진 듯한 느낌이 듭니다. 실은 허리 디스크도 좀 있으시거든요.

저도 오빠 덕분에 고등학교까지 무사히 졸업하고 회사에 경리로 취직해서 회사에서 성실한 남편을 만나서 평범하게 잘살고 있습니다.

저희 아들은 이번에 목회자를 준비하고 있습니다.

어른이 돼서 구두를 사셨냐고요?

실은 제가 결혼할 때 큰오빠가 구두를 두 켤레나 사주셨지요. 그러면서 전화로 엄청나게 우시더라고요. 그날 많은 걸 느꼈습니다.

아직도 그 구두를 안 버리고 가지고 있습니다.

저희 세 동생은 이번에 은퇴하시는 오빠를 위해 4박 5일 제주도 여행을 준비했습니다. 수십 년을 동생들을 위해 일하셨으니 4박 5일이라도 동생들이 오빠를 위해서 쉬게 해드리고 싶습니다. 그리고 제가 허리 아픈 오빠를 위해 기능성 구두와 운동화를 선물할 예정입니다.

신발만 보면 어린 시절도 생각나고 오빠 생각이 나더라고요.

지금 이 순간, 어린 시절로 돌아가서 그간 한 번도 못 했던 이야기를 오빠에게 하고 싶습니다.

"오빠, 나야. 막둥이. 어릴 적부터 아빠처럼 돌봐줘서 고마워. 나 코도 많이 흘리고, 눈물도 많고, 생떼도 많이 부렸는데 한 번도 화 안 내고 나를 키워줘서 고마워. 오빠, 아프지 말고 건강해요. 오빠, 미안해. 그리고 감사해요. 사랑해요."

내 이름은 미순이에요

저는 미국 뉴욕에 살고 있는 제인입니다. 45세이고요.

일곱 살 때 미국으로 입양을 왔습니다. 좋은 부모님을 만나서 공부 잘하고, 결혼하고, 아이들을 낳았어요. 저는 지금 무척 행복해요.

한국말을 잘못해요. 이해 바랍니다. 아들 제임스가 써주는 거예요.

저는 엄마를 찾고 싶어서 매일 기도해요.

나를 낳아주고 다섯 살까지 키워준 엄마입니다.

저는 한국 사람이고, 천안이라는 곳에서 태어났어요. 보육원에 있다가 홀트를 통해 뉴욕으로 왔어요.

제가 기억하는 건 아무것도 없어요. 엄마 얼굴과 김복순이라는 이름. 그리고 천안역 앞에서 엄마가 무언가를 팔았어요. 무슨 장사를 하신 것 같아요. 내 한국 이름은 미순이입니다. 성은 잘 기억이 안 나요.

엄마를 만날 수 있는 방법은 없었어요. 한국 홀트에 전화했는데 자료가 삭

제되었고 제 이름도 없었어요. 너무 마음이 아파요.

　엄마는 나를 껴안고 매일 울었어요. 아침에도 울고, 저녁에도 울었어요. 저는 엄마가 저를 버릴까 봐 매일 엄마 머리카락을 잡고 잤어요. 그렇게 매일 엄마만 쳐다보고 살았어요.

　어릴 적 기억하는 건 내가 큰 강아지에게 물렸을 때 엄마가 그 개하고 싸웠어요. 엄마도 아주 아팠어요. 피도 나고 그랬어요. 그날 저녁은 둘이 많이 울었어요.

　그리고 가게에서 과자 먹고 싶다고 하면 엄마가 나를 때렸어요. 저는 그날도 울다가 잤어요.

　어떤 날엔 엄마가 사람들에게 혼나는 것을 보았어요. 어렸지만 그게 싫어서 가서 그 사람 손을 깨물었어요. 그런 게 막 생각이 나고 눈물이 나요.

　엄마가 밤마다 저를 안고 불러 주었던 찬송가가 생각이 나요. 저는 미국에서 그 노래를 부르지 않아요. 너무 가슴이 아파서 힘들어요.

　그렇게 저는 매일 불안한 마음으로 잠이 들고는 했습니다.

　그리고 어느 날 제가 아침에 눈을 뜨니 엄마가 없었고, 저는 큰 차를 타고 어디론가 갔어요. 무섭고 떨려서 엄마를 찾지도 못했고, 저는 그렇게 매일 밤 엄마를 찾고 울다가 미국에 오게 되었어요.

　친엄마를 하루도 기억에서 버리지는 않았어요.

　저는 미국 뉴욕의 한인 중앙교회 이준희 목사님을 통해서 '밥 이야기' 방송을 소개받았습니다. 그리고 이준희 목사님을 통해 이현구 목사님과도 통화해서 엄마를 작년부터 찾았는데, 찾을 수가 없어요.

그러다 '밥 이야기' 다시 듣기에서 저는 '카스텔라'편 이야기를 들었어요. 열 번을 들었어요. 너무 울었어요. 나도 엄마가 있는데……. 나도 엄마가 한국에 있는데…….

저도 엄마가 보고 싶습니다. 우리 엄마를 찾고 싶습니다.

엄마 연세가 70이 넘었을 텐데 못 만나더라도 살아온 것만이라도 알았으면 좋겠어요.

엄마!

잇츠미 나에요. 미순이.

엄마, 나 결혼해서 잘살아요. 아들만 둘이고, 나 여기서 커다란 책방도 해요.

돈도 잘 벌어요. 행복하게 나이스하게 살고 있어요.

엄마, 살아는 있는 거지요? 한국에 살아는 있는 거지요?

엄마, 이 방송 들어요? 아직도 교회를 다니는지, 아니면 먼저 하늘나라에 갔어요?

엄마, 나 한 번도 엄마를 원망하거나 미워하지 않았어요. 진짜예요.

엄마, '카스텔라' 이야기 방송 들어봤어요?

미국에서 어떻게 살았는지 알아? 행복했지만, 말 못 할 만큼 많이 힘들었어요.

엄마, 혹시 살아 있으면 아프지 말고 행복하세요.

그리고 나 기억만 해주세요.

다시 만나면 다시는 엄마 손 안 놓을 거예요.

엄마, 영원히 사랑해요.

엄마, 나 미순이 기억만이라도 해주세요. 기억만이라도…….

이춘례 할머니

저는 김태식이라고 합니다. 이제 서른이 된 총각 집사입니다.

저는 시골에서 작은 가게를 하고 있고, 작은 시골 교회를 섬기고 있습니다.

특별한 재주는 없고 제가 봉사하는 일은 교회 봉고차를 주일마다 운전하고 있습니다. 요즘 코로나로 예배가 없어서 주일날 봉사를 못 하고 있습니다.

저는 얼마 전 목사님과 사모님을 통해 사택에서 사연 하나를 접했습니다.

'주미야, 미안해'편을 들었습니다. 아주 슬픈 사연이었습니다.

두 모녀가 언젠가는 천국에서 만나면 좋겠다는 생각을 했고, 방송을 듣고 너무 슬퍼서 집에 와서 휴대전화로 다시 듣기를 통해 두어 번 더 이불속에서 들었습니다. 솔직히 울었습니다.

저는 10여 년 전 돌아가신 할머니 생각이 나서 사연을 보내봅니다. 부모님이 이혼하시고 할머니 손에서 다섯 살 때부터 자랐습니다.

아빠나 엄마는 1년에 한 번이나 볼까요? 저는 어릴 때는 엄마, 아빠가 그리웠는데 초등학교를 들어가고 나서는 엄마, 아빠가 싫었습니다. 솔직히 무책임한 어른들이 싫었던 거죠. 가끔 명절 때 오시면 저는 친구 집에 가서 며칠씩 집에 안 들어가고는 했습니다.

저는 주름이 많고, 허리가 굽은, 농사짓던 할머니 이춘례……. 우리 할머니랑 살았습니다.

매일 할머니 손에 세수하고, 목욕도 하고, 말 안 들으면 회초리도 맞으면서 그렇게 어린 시절을 보냈습니다. 방이 두 개였지만 저는 할머니와 잠을 잤습니다. 할머니를 꼭 끌어안고 자면 마음이 편했습니다.

매일 밤 저에게 들려주시던 찬송가가 생각납니다.

"멀리멀리 갔더니 처량하고 곤하여……. 예수 예수 내주여 섭섭하고 울 때……. 눈물 닦아주시고 나를 위로하소서……."

그렇습니다. 저와 할머니는 철저히, 정말 철저히 외로웠던 거였습니다.

사춘기도 없이 그냥 지나갔습니다. 우리 집은 가난했고, 힘들었습니다. 할머니가 농사지어서 그렇게 그렇게 끼니를 해결했습니다. 저는 우리 할머니 말고는 어른들이 싫었습니다. 그렇게 소심하고 내성적인, 말 없는 아이로 자랐습니다.

고등학교 2학년 때 누가 찾아와서 할머니에게 얼마 되지도 않는 논을 달라는 겁니다. 저는 욕을 하고 그 사람을 막 나가라고 화를 내고 고함을 쳤습니다. 당황하며 집을 나서는 그 남자는 오랜만에 집을 찾아온……. 그렇습니다. 바로 아빠였습니다. 다시는 오지 말라고 했습니다. 한 번만 더 오면 가만히 안 두겠다고 고함을 쳤습니다.

그날 저녁 할머니는 저에게 다른 방에 가서 자라고 했습니다. 그리고 밤새 흐느끼는 할머니의 서러운 울음소리를 들어야만 했습니다.

그렇습니다. 저에게 망신을 당하고 나간 그 남자는 우리 아빠이기도 했지만, 할머니에게는 자식이었던 겁니다. 할머니 마음이 무척 아팠던 밤이었을 겁니다.

그리고 다음 날 아침, 따뜻한 쌀밥에 달걀프라이가 마루에 놓여 있었고, 할머니는 아침부터 저에게 늦잠 잔다고 나무라면서 아무 일 없다는 듯이 밭으로 나가셨습니다.

저는 그날 아침 눈물과 서러움 속에서 식사를 했습니다.

그리고 몇 년 후 제가 스무 살이 되고 할머니는 하늘나라에 가셨습니다.

저는 너무 무섭고 괴로웠습니다. 그래서 동네 산에 올라가서 그냥 울었습니다. 그냥 울고 또 울었습니다.

장례를 치르고 아빠와 처음으로 대화를 나누었습니다.

대화 내용은 생략하고요.

전 그때부터 지금까지 거의 빼놓지 않고 매 주일 교회에 다녀와서 꼭 할머니 산소에 들렀다가 집에 오곤 합니다.

천국이 있음에 감사하고요. 할머니랑 만날 수 있음에 행복합니다.

할머니. 나야. 태식이.

할머니. 잘 있지?

할머니. 거기서 농사지어?

할머니, 보고 싶어. 거기서는 아프지 말고 허리 펴고 다녀.

할머니, 너무 보고 싶어.

할머니는 나 안 보고 싶어? 요즘 꿈에서도 왜 안 나와…….

할머니, 사랑해요.

할머니……. 할머니……. 할머니가 매일 밤 불러 주시던 찬송가가 생각이 나요.

"멀리멀리 갔더니 처량하고 곤하여……."

네 부모를 즐겁게 하며 너를 낳은 어미를 기쁘게 하라 **(잠언 23장 25절)**

버려진 초콜릿

　'밥 이야기' 방송을 들으며 저도 기억 멀리 숨겨 놓았던 불쌍한 우리 어머니가 생각났고, 주님께서 그 기억을 제 가슴속에서 꺼내어 주시고 제 마음을 만지시기 시작했습니다. 그리고 어머니가 기억에서 소환되었고, 저는 며칠 동안 그 기억이 살아나서 제 마음을 움직였습니다. 그리고 주님 안에서 모든 것을 내려놓았습니다.

　저는 다섯 살 때부터 강원도 횡성에서 살았습니다. 엄마는 군부대 앞에서 작은 다방을 하셨습니다. 아버지는 제 기억 속에 없고, 저는 이모들과 엄마와 살았습니다. 이모들은 친이모가 아니었고 일하는 이모들이라는 사실은 철이 들고 알았습니다.

　동네 친구들은 밖에서 뛰어놀았지만 저는 집에서, 아니 다방에서 놀았습니다. 친구들은 아빠도 있고, 엄마도 있고, 형제들도 많은데 저는 이모들이 많다고 자랑하다가 놀림도 많이 받았습니다.

어느 날은 친구 아빠가 우리 다방에 왔다가 친구 엄마가 찾아와서 우리 엄마랑 싸우고, 그 아빠가 끌려나가는 것도 봤습니다.

저는 그때부터 아주 소심해 졌고 친구들과 놀지 않았습니다. 저한테서 커피 냄새난다고 아이들이 놀렸습니다.

저는 매일 다방에 앉아서 하는 일이 한 가지밖에 없었습니다. 다방에 있는 큰 어항, 수족관의 물고기 마릿수를 세고 또 세곤 하였습니다. 물고기를 쳐다보다가 심심하면 물고기들과 이야기도 나누었습니다. 어릴 적 느낌이지만 정말 그 물고기들과 다정하게 대화를 나누었던 것 같습니다. 손가락을 어항에 대고 뭘 그리 중얼거렸는지…….

옆 동네 사시는 할머니가 그런 저를 데리고 읍내 시장에 가셨습니다. 그 시끄러운 읍내 시장에 저는 그냥 할머니 손을 잡고 걷기만 했습니다. 먹을 것을 사주시겠다고 해도 안 먹고 저는 시장에서 파는 병아리, 토끼……. 이 친구들만 보고, 만지고, 얘기를 나누고 돌아온 것 같습니다.

저는 철저히 외롭고 지독히도 내성적인 아이로 성격이 형성되었습니다. 어머니는 저에게 관심이 없었습니다.

그러던 어느 날, 제가 열 살이 되던 해에 엄마는 어떤 아저씨와 살림을 차리시고 서울로 이사를 하셨습니다. 저를 할머니 집에 두고 엄마는 다방을 정리하고 서울로 가셨습니다.

엄마가 몇 밤만 자고 나면 데리러 온다고 하고서는 용달차에 올라탔습니다. 그리고 제 손에 쥐어진 초콜릿 한 상자. 차가 출발할 때 제가 저도 모르게 초콜릿을 집어 던지고, 신작로에 있는 돌멩이를 주어서 던지며 울면서 뛰어갔습니다. 제가 뛰어가면서 던진 돌멩이가 용달차 근처에 가지도 않았지만 던지고 또 던졌습니다. 엄마를 크게 부르고 뛰어가면 용달차가 멈출지 알았지만, 저는 넘어지고 용달차는 눈에서 보이지 않았습니다. 그리고 차가 지나간 먼지 나는 신작로에 주저앉아서 펑펑 울었습니다.

그리고 그 후 우리 엄마는 한 번도 저를 찾아오지 않았습니다.

그렇게 5년이 지나고 저는 할머니 먼 친척 집으로 가게 되었습니다. 양자로 가게 되었는데 바로 이곳 오사카, 일본으로 오게 된 것입니다. 여기서 자라고, 여기서 어른이 되었습니다.

훗날 시간이 흘러 엄마가 저를 애타게 찾았다고 들었습니다. 전화도 편지도 받기 싫어서 친척들에게 절대 가르쳐주지 말라고 했습니다.

평생 엄마라는 이름을 저주하고, 욕하고, 살아온 저에게 주님이 찾아오시고, 그분을 영접했습니다. 그리고 '밥 이야기'도 알게 되었네요.

저도 이제 엄마를 용서하려고 합니다. 많은 고민과 기도 후에 결정했습니다.

그리고 지난 명절에 이제 70이 된 우리 엄마와 통화를 했습니다.

"여보세요, 여보세요!"

아무 말이 없었습니다.

"어머니, 저예요. 용태."

그래도 아무 말이 없었습니다.

그렇게 몇 분이 흐르고 전화기 너머로 갚은 숨소리와 울음소리가 들려 왔습니다.

"용태야, 미안하다. 이 어미를 용서하지 마라. 이 어미가 할 말이 없구나! 내가 죗값을 이렇게 받고 살고 있구나! 용태야, 미안하구나! 내가 정말 미안하구나!"

저는 뜨거운 눈물을 흘리고, 소리를 지르고 싶었습니다.

왜 이제서야 나를 찾냐고, 나는 하루도 행복하지 못하고 늘 힘들었다고. 어린 자식을 버리고 살아가시면서 행복했냐고…….

따지고, 소리 지르며 울고 싶었지만 참았습니다.

태연하게, 정말 침착하게 일상적인 얘기만 하고 통화를 끝냈습니다.

코로나가 잠잠해지면 한국에 나갈 겁니다. 그리고 뵙고 큰절을 올리고 주님을 전하려 합니다.

이렇게 부족하게 글로 표현하니 마음이 한결 평안해지네요.

"엄마, 엄마를 용서하지 못할 줄 알았는데 전화기 너머로 들리는 숨소리와 내 이름을 부르는 엄마 목소리에 나도 모르게 수십 년 가슴속 응어리가 갑자기 없어지는 건 무슨 이유일까요? 그럼 나도 엄마가 그립고, 보고 싶었던 걸까요? 그렇게 미워하고 증오했던 엄마를……?"

가슴이 아프고 저리지만, 그래도 한번 만나서 불러보고 싶은 이름, 엄마…….

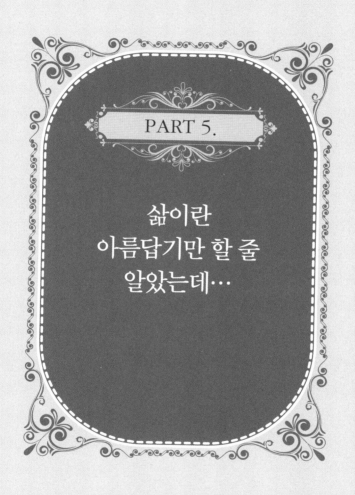

PART 5.

삶이란
아름답기만 할 줄
알았는데…

사람 잘못 보셨는데요

저는 서울에 살고 있는 유용태라고 합니다. 이제 6학년 3반입니다.

방송을 두 달 전부터 무척 재미있게 잘 듣고 있습니다. 울다가 웃다가……. 아무튼 너무 감사드립니다.

직장생활 은퇴하고 요즘은 밤에 아르바이트를 하고 있습니다.

밤에 알바한다면 사람들이 이상하게 생각하는데요. 저는 밤에 대리운전을 하고 있습니다. 집에서 놀고 있기도 뭐하고 손주들 학원비라도 보태려고 얼마 전부터 시작했습니다.

실은 제가 교회에 다니지만 조금씩 소주 한 잔씩하고 그랬거든요……. 몰래 몰래요. 소주는 숨어서 딱 한잔하는 맛이 죽이거든요.

저녁에 알바로 대리운전하니까 아무래도 술을 아예 안 먹게 되더라고요. 그래서 일거양득이라고 생각해서 결정하였습니다.

이제 시작한 지 6개월이 되었는데요. 정말 하루하루가 버라이어티합니다.

술을 드신 분들이 이용하는 일이다 보니 별의별 손님들을 만납니다. 매너가 좋으신 분들도 있고요. 여기서 매너가 좋으신 분은 물론 팁을 주시거나 거스름돈을 안 받는 손님입니다.

때로는 술이 너무 취해서 모시기가 힘든 분도 있습니다. 어떤 분은 고장 난 라디오처럼 정치 얘기, 집안 얘기 등을 계속 떠드시면 저는 그 말에 응답을 해 주어야 하는 상황입니다. 어떤 분은 술에 취해서 울고불고, 또 어떤 분은 잠이 들어서 일어나질 않습니다. 이럴 때는 정말 미쳐 버립니다.

간혹 있는 일 가운데 제일 싫은 건 대리비를 안 주는 겁니다. 아까 타기 전에 줬다고 손님이 우기면 정말 괴롭습니다. 인생살이가 참 고단하고 다들 사연 속에서 살아간다는 것을 간접적으로 경험하고 있습니다.

그러던 지난주 이른 저녁에 손님을 태웠는데요. 제 또래로 보이는 여자분이셨습니다. 거울로 보니 어디서 낯이 익은 얼굴이었습니다.

저희는 교육을 받을 때 될 수 있으면 손님과 사적인 대화를 하거나 얼굴을 거울로도 쳐다보지 않아야 한다는 교육을 받거든요.

그런데 얼굴과 목소리가 너무 낯이 익었습니다. 손님은 눈을 감고 쉬고 계셨고, 저는 거울로 손님 얼굴을 계속 보았습니다.

이런 세상에……. 제가 총각 때 만났던 제 첫사랑과 너무 닮은 겁니다. 제가 군대 제대하고 처음으로 만난 여인 김정미. 동네에서 제일 고왔던 이발소 집 막내딸, 아름다운 여인 김정미(가명입니다. 이해해주세요).

몇 개월 안 만나고 제가 일 핑계로 서울로 와서 헤어졌습니다. 그 당시 제가 나쁜 남자였지요.

그 순간 떨리기 시작했습니다. 아니, 솔직히 저를 알아볼까 봐 무섭기도 했습니다. 제가 지금 대리운전을 한다는 것을 보여 주기가 싫었습니다.

그래서 아무 말도 안 하고 운전을 했습니다. 그리고 온몸에 땀이 나기 시작했습니다.

그리고 이 여인과 만났던 기억들을 한 가지씩 생각해 보며 추억에 젖어 있었는데 조용한 차에 그 여인의 핸드폰이 울리는 겁니다. 그리고 그분이 전화를 받았습니다.

"여보세요. 아! 여보. 저 동창회 모임 끝나고 지금 대리 불러서 가고 있어요. 식사는 하셨어요? 일하는 아줌마가 챙겨났지요? 김 기사요? 오늘 휴일이에요. 그냥 대리 불러서 가고 있어요."

이런 통화를 하더라고요.

'아. 성공해서 잘살고 있구나!'라고 생각했습니다. 갑자기 제가 창피해지기 시작했습니다.

저는 점점 몸을 꼬고 얼굴이라도 보일까 봐 거북목을 하고 운전을 했습니다.

그리고 기도를 거세게 했지요. "제발 알아보지 못하길⋯⋯." 하며 기도했습니다.

정말 저를 알아볼까 봐 노심초사 걱정을 하였고 목적지에 다 왔습니다.

그리고 주차를 하는데 너무 좋은 단독 주택이었습니다.

제가 차에서 내려서 얼굴을 최대한 숙이고 가려는 순간, 갑자기 그분이 저를 불렀습니다.

"저기요, 아저씨! 아저씨?"

저는 다리가 굳었습니다. 머리가 띵해졌습니다. 그리고 뒤돌아서 눈을 안 마주치고 "네! 부르셨어요?"라고 했습니다.

갑자기 그분은 저를 빤히 쳐다보는 거였습니다.

저는 초긴장 상태였습니다. 그분이 '혹시 용태 씨 아니에요?'라고 물어볼 것 같았습니다.

저는 뭐라고 답을 해야 할지 짧은 시간 고민을 했습니다.

'아닌데요. 사람 잘못 보셨습니다.'라고 할까? 아니면 멋있고 굵은 목소리로 '아, 당신이구먼. 잘 지냈어?'라고 할까?

그렇게 별의별 생각을 다 하고 있는데, 그분이 제게 말하길 "아저씨, 돈 받아 가셔야죠. 그냥 가시면 어떡해요." 한다.

맙소사~~.

저는 얼굴이 더 빨개진 채 아무 생각이 없었습니다.

그 여인 손에 있던 돈을 받아 그냥 뒤도 돌아보지 않고 빨리 가는 순간, 그 여인이 또 저를 부릅니다. 이번에는 목소리가 컸습니다.

"저기요, 아저씨······."

'혹시······.'

혹시? 저는 드디어 올 것이 왔다고 생각했습니다. 저는 가던 길을 멈추고 돌아보고 말았습니다.

이번에는 눈을 정확히 마주쳤습니다. 그리고 10초나 흘렀나······.

"혹시······. 혹시 대리비가 얼마예요? 3만 원 아니에요? 그럼 잔돈을 주셔야죠."

아뿔싸! 저는 너무 마음이 급해서 5만 원짜리를 그냥 들고 가려고 했던 겁니다.

2만 원을 다시 거슬러 드리고 저는 바로 돌아서서 걸음을 재촉했습니다. 다행히도 저를 못 알아본 것입니다.

제가 이 얘기를 친구에게 했더니 "아마 네 존재조차도 잊었을지 모른다." 며 놀리더라고요.

그날은 바로 집으로 퇴근했습니다. 3만 원 번 돈으로 마누라 좋아하는 양념 반 후라이드 반 치킨을 사서 집으로 가는 길입니다.

인생이 참 재밌다는 생각에 사연을 써서 보냅니다.

앞으로 열심히 살면서 주일은 교회 차량 봉사도 하기로 마음먹었습니다.

내 나이 60에 왜 엄마가 보고 싶을까요?

저는 서울 종로에 살고 있는 김창동이라고 합니다. 64세이고요.

이번에 30년 다니던 회사에서 정년퇴직하고 손자를 보고 있는 장로입니다.

'밥 이야기' 방송을 이번에 처음으로 목사님의 소개로 들었습니다.

저는 사연을 생각하다가 10여 년 전 추운 겨울 돌아가신 어머니가 갑자가
생각이 나서 메일을 보냅니다.

겨울옷 정리를 하다가 어머니가 손수 만들어 주신 목도리가 보였습니다.
자주색으로 만들어 주신 어머니의 목도리가 문득 제 가슴을 두드립니다.

제가 처음으로 직장에 출근하던 날, 어머니는 제 목에 자주색 목도리를 둘
러주시고 춥지 않게 다니라고 말씀하신 그날이 생각납니다.

우리 어머니 박점례 권사님을 소개합니다.

평안도에서 결혼하시고 저 하나 데리고 피난 오신 어머니.

저하나 잘 키우겠다고 재혼도 안 하시고 저만 바라보고 기도하신 어머니.

평생을 남대문 시장에서 순댓국을 파셨던 어머니.

그리고 매일 찬밥에 팔다 남은 순댓국을 말아 드신 나의 어머니.

제가 몸이 아플 때 밤을 새워서 기도하시며 저를 간호하신 어머니.

학교 다닐 때 신문을 돌리는 저를 보고 밤새 우셨던 나의 어머니.

등록금을 만드시느라 쉬는 날도 없이 일하신 어머니.

제가 결혼하던 날, 아이를 낳던 날 눈물을 흘리시던 어머니.

주일날 저녁이면 밤새 찬송가를 흥얼거리시며 기도하시던 어머니.

그리고 하늘나라에 가시기 전 제 손을 잡고 "미안하다. 사랑한다."고 말씀
하시고 눈을 감으신 어머니…….

어머니, 그립습니다. 보고 싶습니다. 요즘은 꿈에서도 나타나시지도 않고

가끔은 엄마가 그리워요. 내 나이 60에 왜 엄마가 보고 싶을까요?

　그곳은 춥지 않나요? 주님과 행복한 시간을 보내고 계시는가요?

　꿈에서라도 나타나 주세요.

　어머니가 그립습니다.

　어제는 집사람과 순댓국 한 그릇 했습니다. 뽀얀 국물에 엷은 고기……. 엄마가 만들어 주신 순댓국이 그립습니다.

　어머니. 저도 이제 나이를 많이 먹었습니다.

　어머니가 그러셨죠.

　"창동아, 착하게 살아야 한다. 착하게 살아야 한다."

　남은 인생 어머니 말씀처럼 착하게 살고, 주님 교회에 봉사 많이 하다가 어머니 곁으로 가고 싶습니다.

　방송이 하늘나라에도 들릴 거라 믿고 어머니께 한 번도 하지 못했던 말씀을 드립니다. 아니. 고백 드립니다.

　"어머니의 아들로 태어나서 살아온 것 정말 감사합니다. 그리고 어머니, 미안합니다. 죄송합니다."

　어머니께 한 번도 못 한 말,

　"사랑합니다."

'독일 청년' 조민국

저는 독일 사람입니다. 한국 이름 조민국이라고 지었습니다. '대한민국 이름'을 카피했습니다.

한국말 편지 잘 못 하는 거 이해 바랍니다.

한국에는 20년 전 학생으로 와서 한국 와이프가 생겨서 결혼했습니다. 예뻐서 반했거든요.

한국말 열심히 배워서 한국 국적도 땄어요. 저는 지금 44세입니다. 서울에 삽니다.

저는 한국에 와서 주님 만났습니다. 제 와이프는 김미경 간호사이고, 아들이 두 명입니다.

한국에 와서 주님 만난 거, 와이프 만난 거, 우리 아들 만난 거 제일 좋습니다.

기독교방송 라디오, 지난주 목사님 소개로 들었는데 짱 재밌어요. 정말 신나요. 와이프도 재밌다고 합니다.

저는 한국 사람들이 너무 좋아요. 그래도 재밌는 몇 가지 느낀 점 말해 보려고 합니다. 이것을 문화라고 하는데 제 개인적인 느낌입니다.

한국 사람들, 특히 교회 다니는 사람들은 독일 교회 사람들하고 매우 달라요.

첫 번째로는 기도할 때 너무 감정이 많아요. 크게 울고 소리도 많이 지릅니다. 기도할 때 너무 무서워요. 하나님도 놀라실 것 같아요. 놀라서 기도를 들어 주실 것 같아요. 간절한 마음 이해합니다. 정말 뜨거운 신앙을 가지고 있어요.

두 번째는 행동이 너무 빨리빨리 해요. 너무 급해요. 음식을 너무 빨리 입에 넣고 빨리 없어져요. 음식이 불쌍해요. 그리고 성격이 너무 급해요. 배달도 빠르고, 식당에서 음식이 늦게 나오면 화를 내요. 한국 사람들은 너무 급해요. 그래서 한국 핸드폰과 인터넷도 세계에서 제일 빠른 것 같아요.

세 번째로 사람들이 착하고 정이 너무 많아요. 금방 친구가 되고 금방 가족도 돼요. 처음 교회 갔는데 다들 형제자매라고 해서 놀랐어요. 한국말 배울 때 형제자매와 같은 얘긴 줄 알고 많이 놀랐어요. 너무 금방 친해지고, 눈물도 많고, 정이 너무 많아요. 드라마를 보다가 다 울어요. 저도 요즘에 드라마 보다가 같이 울어요.

네 번째로 한국말 너무 어려워요. 존댓말, 반말, 너무 힘들어요. 처음에 한국 왔을 때 와이프 아빠에게 "만나서 반갑다. 잘 지냈어?"라고 했어요. 그래서 많이 웃었었어요.

친구 아버님이 돌아가셨다? 어딜 돌아서 가는 것인지.

곰탕? 정말 국물에 곰이 빠져 잇는 것인지.

바가지요금? 바가지가 왜 요금이 되나요?

다섯 번째로 음식은 너무 맛있어요. 라면, 떡볶이, 자장면 최고예요. 그리고 김치도. 또 소시지도 독일보다 더 맛있어요. 조금 맵고, 짜고, 소스가 좀 강해요. 그런데 추어탕, 번데기, 곱창, 닭발 그리고 개고기(오 마이 갓), 이건 못 먹겠어요.

그리고 나이가 이렇게 중요한 나라는 처음 봤어요. 만나자마자 나이부터 물어봐요. 그리고 계급 같은 것이 생겨요. 나이 많은 사람이 여기는 보스예요.

그리고 남자가 여자보다 더 보스인 것 같아요. 이해할 수 없어요.

그런데 노인들에게 매너를 지키는 것은 좋은 것 같아요.

덧붙이자면 목사님들이 너무 무서워요. 조금 정치인 같아요. 대기업 회장님같이 조금 어려워요. 우리 독일은 좀 친구처럼 편하게 목사님들과 소통하는데, 한국은 조금 친해지기 어려워요.

그래도 교회가 너무 많아서 좋아요. 술집이 많은 것보다는 나아요.

한국은 정말 좋은 나라에요. 주님을 전하는 선교 일도 세계 1등이라고 들었어요. 여기서 행복하게 잘 살 거예요. 감사합니다.

움직이는 게 보여요

저는 청주에 사는 청년입니다.

저는 얼마 전에 '버들피리'편을 듣고 엄청 감동하여서 싸웠던 친형에게 전화해서 화해했습니다.

저는 방송에 많이 소개된 청주 맹인학교 이현구 목사님 제자입니다.

저도 시력에 문제가 있는 장애인입니다. 완전히 안 보이는 건 아니지만 흐릿하게 사람이나 사물이 보입니다. 그런데 나이를 먹을수록 점점 더 안 보이는 듯합니다. 길을 걸어도 텔레비전을 보아도 조금씩 흐려짐을 느낄 수가 있습니다.

어릴 적엔 왜 나만 장애를 가지고 태어났냐고 부모님께 엄청나게 대들고 반항했습니다. 형하고도 매일 싸우고 또 싸웠지요.

동네 친구들은 제가 지나가면 '병신', '장님'이라고 놀리고, 저는 아릴 적부터 무척 고통 속에서 살았습니다.

교회에도 다녔지만, 마음이 평화롭지는 않았습니다.

저는 주님께도 반항했습니다.

완전히 안 보이는 게 더 편하다고……. 어중간히 보이니까 더 짜증만 난다고…….

그렇게 이제 서른이 넘었네요.

짜증 섞인 말투와 표정……. 사람들은 제게 말을 걸기 힘들게 저 자신이 일부러 만들었습니다. 그리고 매일 매일 짜증과 불만으로 살아왔습니다.

그런데 이번에 〈CTS〉 텔레비전에서 방영한 'K가스펠' 프로그램에서 어느 세 명의 시각 장애인이 부른 찬양에 그만 오열하고 말았습니다. 비록 상은 못 받았지만, 앞이 완전히 안 보이는 시각 장애인들이 '오 아름다워' 찬양을 부르는데 앞이 안 보이는 그들이 주님이 지으신 아름다운 이 세상을 노래한 것이 너무 감동적이었습니다.

혹시 박 집사님도 들어보셨나요? '에필로그'란 팀입니다.

제가 조금이라도 세상이 보이는 게 얼마나 감사하고 소중한 일인지 이번에 크게 회개하였습니다.

그리고 엄마 얼굴이 갑자기 너무 보고 싶었습니다. 그래서 버스를 타고 논산에 계신 엄마에게 갔습니다. 갑자기 찾아온 저를 보고 깜짝 놀라시더라고요. 엄마는 작은 분식집을 하십니다. 엄마를 보자마자 얼굴을 만졌습니다. 그냥 막 만졌습니다. 얼굴을 만지고 제 얼굴을 엄마 얼굴에 막 갖다 댔습니다. 그리고……. 그리고 그냥 울었습니다. 엄마도 그냥 울었습니다.

그런데 엄마 얼굴에 주름이 너무 많았습니다. 손도 거칠고 엄마가 나이가 드신 모습이 왜 지금에서야 보이게 되었을까요.

저는 엄마를 꼭 껴안고 "고맙습니다. 미안합니다."라고 계속 말했습니다.

잘 안 보이는 엄마 얼굴이지만 너무 곱고 아름다우십니다.

이제 언젠가는 엄마 얼굴을 못 보게 되는 날이 오겠지만요.

"엄마, 엄마! 미안해요. 이렇게 태어나서 너무 죄송해요. 나 때문에 엄청 힘들었죠? 사는 게 나 때문에 아주 어려웠지요? 엄마, 나 그래도 열심히 살아갈게요. 그리고 엄마, 사랑해요."

엄마는 말없이 울기만 하시네요. 그리고 제가 좋아하는 떡라면 끓여 주신다네요. 그런데 라면 끓이시는 엄마 뒷모습 어깨가 움직이는 게 어렴풋하게 보이네요.

진행자님, 우리 엄마 어깨가 움직여요. 움직이는 게 보여요. 엄마가 우시는 거겠죠. 이 못난 아들이 불쌍하고 가여워서 뒤돌아서서 우시는 것 같아요.

엄마가 눈물로 끓여주신 이 떡라면 맛있게 먹고 엄마에게 한국에서 우리 엄마가 제일 라면을 잘 끓이신다고 말했어요.

엄마가 오랜만에 환하게 웃으셨어요. 엄마, 미안해요. 엄마……

주여 이제 내가 무엇을 바라리요 나의 소망은 주께 있나이다 (시편 39장 7절)

검정 양복

저는 경기도 사흥에 살고 있는 50대 김태영 집사입니다.

작은 회사를 운영하고 있고 성가대를 하면서 교회를 섬기고 있습니다.

저는 작은 엄마 얘기를 하고 싶어서 사연을 보냅니다.

망설이기도 했지만, 오늘 급하게 사연을 보냅니다.

저는 부산에서 태어나 어린 시절 아주 부유하게 그리고 행복하게 자랐습니다. 적어도 일곱 살까지는요…….

일하는 가정부 아줌마 손을 잡고 유치원에서 집에 오는 길에 저는 돌멩이에 걸려 넘어졌습니다. 그것도 집 앞에서요…….

그렇게 어리광을 부리며 울면서 일어났는데 사람들이 너무 많고, 소리도 지르고, 너무나 무서운 상황이었습니다. 갑자기 우리 집이 없어졌습니다. 아니, 더 리얼하게 얘기하면 우리 집이 불타고 있었습니다.

집에 불이 났고, 우리 부모님은 그날 어린 저를 남기고 화재로 목숨을 잃으셨습니다. 어린 시절 왜 엄마, 아빠가 안 오냐고 울면서 소리 지르고 생떼를 부리고 그렇게 시간이 지났습니다.

저는 서울에 있는 작은아버지 집에서 살게 되었고, 저를 입양하는 동시에 작은아버지는 결혼해서 저에게는 작은 엄마가 엄마가 되었습니다. 어린시절 작은 엄마는 새댁임에도 불구하고 국민학교에 입학하는 저를 데리고 키우시느라 애를 많이 쓰셨습니다.

아마 운동회 때였나 봅니다.

친구들이 유독 젊어 보이는 작은 엄마를 누구냐고 물어봐서 저는 일하는 가정부라고 말해 버렸습니다. 그날 작은 엄마는 고개를 숙이고 힘없이 학교 운동장을 떠나셨습니다. 얼마나 속상하셨을까요……. 힘없이 걸어갔던 작은 엄마의 뒷모습이 아직도 눈에 선합니다.

저는 사소한 일에도 우리 엄마가 아니라고 울며불며 떼를 부리다가 작은아버지에게 회초리도 많이 맞았습니다. 작은 엄마에게 엄마라고 부르라고 저에게 강요하시는 게 싫었습니다. 어린 나이에 정말 싫었던 모양입니다.

어느 날 호되게 매를 맞고 잠을 자는 제 방에 작은 엄마가 들어오셔서 제 종아리에 약을 발라주시고 제 머리에 손을 얹고 기도를 해주시는 걸 기억합니다. 눈물을 흘리면서 저를 위해 기도해 주셨지요. 저도 이불속에서 흐느끼며 울음을 터트리고 말았습니다.

시간이 지나 사촌들이 태어났고, 어떻게 어떻게 세월이 흘러 제가 어른이 되었습니다.

그리고 군대 가던 날, 작은 엄마는 밤새 펑펑 우시며 제 손을 잡고 기도하시는 겁니다.

"태영아. 작은 엄마는……. 하나님께서 너를 보호하실 거야. 아무 걱정하지 말고 잘 다녀와. 이 엄마가……. 이 엄마가……." 하시면서 말을 멈추셨습니다.

순간 잠시 정적이 흘렀습니다.

저는 "엄마, 우리 엄마 맞아요. 엄마 잘 다녀올게요."하고 작은 엄마를 꼭 안아드렸습니다.

네~. 그렇게 저도 울고, 엄마도 울었습니다.

아마도 하늘나라에 계신 우리 친엄마도 지켜보시고 그날은 펑펑 우셨을 겁니다.

수십 년 살아온 가족이었고, 저는 그분의 아들이었습니다.

그렇게 장가를 가고, 아이를 낳고, 엄마는 나이가 많아졌습니다. 이제 몸이 몹시 아프셔서 숨쉬기가 힘드십니다. 이제 사촌들도 모시기 힘든지 요양 병원에 모셔야 한다고 합니다. 그래서 이번 명절에 혹시나 마지막이 될지 몰라 작은 엄마, 아니 우리 엄마를 뵈러 갔습니다. 얼굴에 주름이 지고, 반점도 많고, 허리가 굽은 우리 엄마는 숨을 쉬기가 어려우신 모양입니다.

제가 가니 밥을 해줘야 한다고 일어나시는 것을 간신히 말렸습니다. 그리고 세배를 드리는데 작은 목소리로 제게 말씀하십니다.

"태영아, 이제 너한테 받는 마지막 세배인 것 같구나. 태영아, 너를 키우고 네 엄마로 살아서 너무 행복했다. 정말 고마웠다. 태영아, 사랑한다. 내 아들 ~~."

저는 눈물이 왈칵 쏟아지고 소리를 내서 울었습니다. 눈물이 흐르고 콧물이 뒤범벅되었습니다.

그렇게 엄마의 얼굴을 뒤로 한 채 집에 돌아와 또 울었습니다. 거울에 비친 50대 후반의 제 모습도 매우 불쌍해 보였습니다.

오늘 아침 문자가 왔습니다. 엄마의 부고 소식입니다.

문자를 받고 한동안 멍하니 제자리에 서 있었습니다. 그리고 두서없이 떨리는 손으로 메일을 보냅니다. 그리고 제 주위 지인들에게 문자를 보내려 합니다. 제가 사랑하는 엄마를 잃었다고, 와서 위로해 달라고……. 그렇게 제가 엄마를 보내드려야겠습니다.

저는 검은색 양복을 입고 엄마와 인사하러 무겁고 힘든 발걸음으로 나섭니다.

작은 엄마!

엄마는 내 엄마예요.

엄마, 고마워요. 엄마, 감사했습니다. 사랑해요.

엄마…….

뒷북치는 남자

저는 경기도 안성에 사는 박미래 성도입니다.

하도 답답하고 속상해서요. 저는 66세 나이고요. 두 아들의 엄마이고 지금 제 옆에서 코를 골고 자는, 이름을 밝힐 수 없는 '뒷북 남편' 최○○ 집사의 마누라입니다.

뒷북 남편? 좀 생소하시죠? 저희 동네에서는 꽤 유명한 별명입니다. 뒷북 최 집사. ㅎㅎㅎ

어릴 적부터 크게 농장을 하시는 부모님을 만나서 유복하게 자란 저희 남편은 늘 게으르고 항상 뒷북만 칩니다. 말이나 행동이나 작업도 늘 남들 다 한 다음에 하는, 뒷북만 치는 남자 최○○. 지금부터 이 사람을 고발합니다. ㅎㅎ

뒷북치는 남자 최○○은 항상 게으르고 남들 하는 일을 쳐다보며 구경만 하다가 뒤늦게 일을 저지르는 사람입니다. 군대도 안 가려고 별짓을 다 하고 버티다가 친구들은 제대하는데 20대 중반에 군대를 다녀오고. 다녀오자마자 시부모님이 강제로 중매를 보게 하고 저와 혼인을 시켰습니다.

직장도 서른이 넘어서 잡으려 하는데 친구들이 영화배우가 멋있다고 하니까 뒤늦게 연기 학원에 다닌다고 충무로에 매일 다니기 시작했고, 학원비도 엄청나게 썼습니다.

영화에 출연한다고 2년 만에 난리를 쳐서 극장에 가서 봤더니 대사도 없는 '포졸 1' 역할이었습니다. 요즘 말로 엑스트라였죠……. 부모님께 엄청나게 욕먹고 그만두었지요.

그리고 뒤늦게 사업을 한다고 매일 신문이나 TV를 보다가 인기가 있거나 한참 잘나가는 사업을 보고 뒤늦게 따라 하는 철부지 남편. ㅠㅠ 갑자기 다단계사업을 한다고 자석요를 팔러 다니질 않나, 주식 하는 방송을 보고 "바로 이거다." 하고 미친 듯이 대출을 받아 다 날리고, 어느 날은 사람은 영어를 잘해야 한다고 유학 가겠다는 걸 온 가족이 말려서 못 갔습니다.

또 어느 날은 돌을 모은다고 방 하나를 돌로 가득 채우고 또 다른 어느 겨울날은 짝퉁 명품을 중국에서 수입하여 팔다가 신고받은 경찰에게 붙잡혀서 조사받고 훈방조치도 당했습니다.

사업이란 사업은 다해본 것 같습니다. 그리고 이제 66세가 되었네요, 머리도 희고 주름도 많이 늘었습니다…….

항상 뒷북만 치는 남편. 그러던 남편이 뒤늦게 주님을 만났습니다.

교회에 처음 다녀온 날, 남편은 엄청나게 울었습니다. 뒤늦게 주님을 만난 기쁨이었을까요?

큰애가 걱정했습니다.

"엄마, 이러다가 아빠가 뒤늦게 목사님 한다고 신학교 간다면 어쩌지?" ㅎㅎㅎ

그리고 나름 순수한 남편은 회개하고 신앙생활을 아주 열심히 합니다. 평생 제 속을 썩였지만, 그래도 사랑합니다.

그런데 사람은 잘 안 바뀌는 것 같습니다. 교회 예배시간에 제일 늦게 오고요. 목사님께서 설교하실 때 "아멘!" 하는 소리도 반 박자 늦게 한답니다. ㅎㅎㅎ

뒤늦게 주님을 만난 남편, 남은 인생 봉사하며 섬기며 건강하길 기도합니다.

삶이란 아름답기만 할 줄 알았는데…

저는 광주에 사는 김 집사입니다. 이번에 은퇴를 한, 칠순을 앞둔 할아버지입니다.

한평생을 공무원으로 일하다가 정년퇴직했습니다. 퇴직한 후에 모든 재산을 아들 사업 자금으로 밀어주었는데 사업이 잘 안 돼서 저희는 경제적으로 너무 힘들어졌습니다.

이렇게 벌어진 일, 누구를 원망하겠습니까……. 다 주님의 뜻이라고 생각하고 새벽마다 기도하며 늘 하나님께 의지하고 동행하며 살았습니다.

그리고 운이 좋게 5년 동안 아파트 경비원으로 일했습니다. 작은 아파트이지만 열심히 일했습니다. 1평도 안 되는 작은 상자에서 더울 때는 선풍기를 틀고, 추울 때는 작은 난로를 켜고 열심히 일했습니다. 적은 돈이지만 한 달에 한 번 월급을 일부러 현금으로 찾아서 아내에게 가져다주면 너무 좋아하더라고요.

그걸로 우린 신혼 때처럼 가계부를 쓰면서 관리비도 내고, 반찬값도 쓰고, 시장에 가서 브랜드 없는 옷도 샀습니다. 가끔 손주들 용돈도 주고, 그렇게 우린 행복하게 살았습니다.

일하다가 도시락을 먹을 때가 제일 행복했습니다. 아내가 싸주는 도시락은 어느 진수성찬과 바꿀 수 없는 맛이었습니다.

힘들었던 건 가끔 주민 가운데 주차 문제로 실랑이를 벌이면, 제게 관리 문제로 화풀이를 하곤 했습니다. 어떤 입주민은 제가 추운 겨울에 작은 난로를 켜는 것을 보고 전체 전기세가 많이 나간다며 한 소릴 하고는 했습니다. 그럴 때마다 당장 그만두고 싶었습니다. 아들보다 어린 사람들한테 욕먹고 무시당해도, 그래도 집에 있는 아내를 생각하며 꾹 참았습니다.

지난 연말 아파트 관리소장님이 점심을 먹자고 그러셨습니다. 약간 느낌이……

네~~. 부득이하게 해고해야 한다는 말씀에 두말없이 인정했습니다. 제가 제일 나이가 많으니까요.

그리고 집에 돌아오는 길, 너무나 발걸음이 무거웠습니다. 집에다 뭐라고 얘기해야 하나, 걱정도 되었습니다. 앞으로 생활비나 병원비를 생각하면, 앞이 캄캄했습니다.

그날따라 아내는 제가 좋아하는 청국장을 끓여 놓고 저를 기다렸습니다. 그런데 아내를 보자마자 제가 바보같이 울음을 터트리고 말았습니다. 그냥 아무 말도 못 하고 펑펑 울어버렸습니다. 나이가 70이 돼서 어린아이처럼 울어버리는 저를 보고 아내가 몹시 당황했습니다.

자초지종을 얘기하고 제가 깊은 한숨을 내쉬었습니다. 그러자 제 아내가 장롱에서 뭔가를 꺼내었습니다. 제 손에 쥐여준 그것은 바로 통장이었습니다. 통장을 펼쳐보고 저는 너무 깜짝 놀랐습니다. 제가 평생 벌어다 준 돈에 생활비와 용돈을 아껴서 저축한 돈이 상상외로 많았습니다.

"여보, 이거면 우리 죽을 때까지 풍족하지는 않더라도 생활하는 거나 병원비는 걱정 없이 사니까 아무 신경 쓰지 말고 그냥 이제부터 좀 놀아요."

이러는 겁니다.

그래서 제가 뭐라고 했는지 아십니까? 그냥 또 울어버렸습니다. 그냥 울기만 했습니다.

그렇게 우리는 그날 웃고 울면서 청국장을 먹었답니다.

감사하고 미안한 제 아내를 위해 짧은 시 한 편 준비해 보았습니다.

부족합니다. 이해 바랍니다.

아름다움

아름다운 사람을 만나

아름답게 시간을 보내며 살려 했소이다

아름다운 삶이라 아름답기만 할 줄 알았지만

슬프고 노여워하는 삶도 아름답길 원하니 이것이 무료하고 논제로다

소년이 자라서 청춘을 꽃피고

중년이 지니 노년으로 화하도다

이것 또한 아름다움이라면

내 더이상 여한이 없으리.

살다 보니 제일 아름다운 선물은 지금 내 옆에 있는 당신이구려.

여보, 살면서 고생 많았소. 이제 주님이 주시는 아름다운 축복과 건강이 당신에게 넘치길 내 주름과 삶의 여운으로 기도하고 또 기원하오.

여보 아름다운 당신, 사랑하오. 사랑하오.

인생은 한 편의 영화

저는 경북에 사는 6학년 2반 김진경이라고 합니다.

작은 교회에서 피아노 봉사를 하고 있는 권사입니다.

저희 아들을 통해 방송을 알게 되었습니다. 방송이 다른 방송보다 특이하네요. 정해진 형식 없이, 가감 없이 사연을 소개해주셔서 재밌고 신선합니다.

저는 음대를 졸업한 나름 부잣집 장녀로 태어나 유복한 삶을 살았습니다.

진행자님 사진 보니까 한 미모하시던데 저도 나름 대구에서 그 당시에 인물로, 공부로 이름을 좀 날렸지요. ^^

고등학교 때 제가 너무 새침하고 잘난 척을 해서 아이들과 아주 친하게 지내지 못했습니다.

부잣집 아이에다 맨날 기사분이 학교에 등하교시키니 아이들이 좋아하지 않았던 거 같아요. 별명이 백설 공주였답니다……. 그것도 졸업하고 알았어요~~.

나이가 들어 부모님 시키는 대로 중매로 결혼을 하고 아이 둘을 낳았습니다. 남편은 사업을 했고 나름 부유하게 사모님 소리 들어가면서 잘 살았습니다. 교회에 가서도 나름대로 품위 있게 신앙생활을 하고 큰 교회에서 대접받으며 살았습니다. 남편이 헌금을 제일 많이 했거든요.

그런 우리 가정에 위기가 왔습니다. IMF가 찾아 왔고 남편 회사는 거짓말처럼 완전히 부도가 났습니다. 잘못된 선택 때문이었습니다. 집은 압류가 들어와서 쫓겨났고, 남편은 그 후로 재기를 시도했지만 잘 안 되었습니다.

수년 동안은 죽으려고 자살 시도도 하고 창피해서 못 살겠다고 한국을 떠나고 싶었습니다.

그리고 결국엔 대구를 떠나 경북의 작은 도시로 이사를 오고 거기서 주님을 다시 만났습니다.

건방지고 이기적이었던 저의 삶을 회개하는 데 오랜 세월이 흐른 듯합니다. 눈물, 콧물, 흘리며 주님께 기도했습니다. 그리고는 주님과 동행하는 삶을 살고 있고, 아이들은 감사하게도 잘 커 주고, 좋은 직장에서 평안하게 잘 지내고 있습니다. 남편은 아파트 경비 일을 하고 있고, 저는 방문 판매업에 종사하고 있습니다. 화장품을 돌아다니면서 팔고 건강 기능 식품도 팝니다.

지난 추석 전, 저는 머리가 띵하는 상황을 맞이했습니다. 지인의 소개로 고객을 만났는데 대형 슈퍼를 하는 분이셨습니다. 갑자기 슈퍼 사모님이 저한테 "혹시 너 ○○여고 졸업한 진경이 아니니? 나 몰라? ○○여고 ○○야……. 기억 안 나?" 하고 묻는 것이었습니다.

기억이 났습니다. 정확히 기억이 났습니다. 우리 집에 세를 살던 곱슬머리

얼굴 까맣던 ○○이…….

순간 '아닌데요……. 사람 잘못 보셨는데요.'라고 하고 도망 나오고 싶었지만, 이미 제 이름이 쓰여 있는 명함을 준 후라…….

"어, 맞아! 오랜만이네……." 하고 반갑게 인사를 나누었습니다.

그 친구는 제품을 굉장히 많이 사주었습니다. 그리고 언제든 놀러 오라고 제 등을 두드려 주었습니다. 그리고 저는 힘없이 그곳을 나왔습니다.

얼굴이 빨개지고 호흡이 가빴습니다. 그리고 힘없이 버스 정류장까지 걸었습니다. 그리고 기도했습니다. '저 친구를 만나게 해준 건 여러 이유가 있을 거야……. 주님을 전해야겠다. 그리고 교회에 나가자고 전도를 해야겠다…….'라고요.

그러고 나니 마음도 평안하고 걸음도 가벼웠습니다.

인생은 한 편의 영화 같습니다. 기쁜 일, 슬픈 일 다 겪으면서 배우로 살다가 배우로 영화를 끝내는 거 같습니다.

오늘은 친구 덕분에 매출도 좋습니다. 집에 들어갈 때 남편이 좋아하는 생태찌개 사서 가려 합니다.

내가 네게 명한 것이 아니냐 마음을 강하게 하고 담대히 하라 두려워 말며 놀라지 말라 네가 어디로 가든지 네 하나님 여호와가 너와 함께 하느니라 하시니라 (여호수아 1장 9절)

타짜의 놀랜루야!

'밥 이야기' 애청자 최군자입니다.

이름이 독특하지요? 어릴 적 저희 아버지가 남자아이를 원해서 이름을 그렇게 지으셨대요…….

저희는 자매가 5명이거든요. 저는 경기도 안산에서 작은 부동산을 하고 있는 집사입니다.

오늘 제가 하고 싶은, 아니 자랑하고 싶은 사연은요. 제가 부동산을 한 지 15년 만에 공인중개사 자격증을 취득했습니다. 무슨 말이냐고요? 결혼하고 애 키우면서 맞벌이를 시작했는데 저는 부동산에 취직했고요.

실장 일을 5년 하다가, 또 자격증 없이 지인의 자격증으로 사업을 하다가 10년 만에 제가 자격증을 땄습니다. 정확히 얘기하면 15년 동안 시험에서 낙방한 거죠……. 두 번 빼고 매년 도전했거든요. 호호호.

이제 자격증을 따고 제대로 돈 좀 벌어보려 했는데 요즘 코로나 사태 때문에 집 매매는커녕 파리들만 부동산에 가득합니다. 무슨 저희 가게가 모기장도 아닌데 말입니다.

그래서 이웃 부동산 언니, 동생들과 심심해서 모여서 수다를 떨다가 장난으로 고스톱을 치게 되었습니다. 처음에는 커피 사기, 밥 내기로 100원, 200원 하면서 시간을 보냈는데요…….

저도 처음 배웠는데 갈수록 재미있어지더라고요. 그리고 하루가 금방 가더라고요……. 심지어 밤에 누워서 천장을 보는데 화투가 보이지 뭡니까.

그런데 말입니다.

이게 웬일인지 점점 판이 커졌습니다. 하루에 5천 원을 잃고, 1, 2만 원을 잃고 점점 판이 커지는 겁니다.

저희 가게에서 문 닫고 치는데 좀 겁이 나고 찜찜하더라고요.

그리고 고스톱을 몇 시간 치고 나면 딴사람도 잃은 사람도 없습니다. 그냥

얼굴만 뻘게져서 집에 갑니다. 남는건 허리만 아프고 빨갛게 충혈된 눈만 남습니다…….

그리고 전화로 다들 그날 딴 사람을 씹어대는데 무척 아이러니한 상황입니다. 다들 고스톱 칠 때 눈빛들이, 저희 남편 얘기로는 무슨 조폭들 같답니다.

언젠가 저희 남편이 부동산에 예고도 없이 들렀는데, 그 순간 고스톱 치다가 영화에서 나오듯이 놀던 담요를 확 덮어버리고, 커피잔은 쏟고, 생난리를 쳤거든요. 남편이 "여기가 무슨 옛날 복덕방이냐."고 하더라고요. 호호호.

이번에 저희 가게에서 고스톱 치는 걸 그만하게 하고 싶은데 무슨 좋은 방법이 없을까요?

이 방송이 나가고 제가 이걸 들려주고 충격을 주면 어떨까 하는 생각도 해봅니다. 가게 이름도 이야기하고 실명도 이야기하고 그럼 어떨까요? 호호호. 아마 난리가 날 것입니다. 실은 저희 모두 교회에 나가거든요.

제가 고민을 하니까 큰아들이 "엄마, 고스톱 치는 시간에 목사님을 심방 오시게 하면 어때? 갑자기 '할렐루야!' 하고 들어오시면 다들 '놀랠루야!' 할 텐데……. 어때?"라고 하는 겁니다. 하하하.

웃고 말았지만, 솔직히 잠시 고민도 했었답니다.

진행자님, 좋은 의견 주시면 감사, 탱큐요~~.

요즘 경기도 안 좋고 일거리도 없어서 이해도 가지만 누구 말대로 고스톱은 명절 때 딱 한 번 치는 거랍니다. ㅎㅎㅎ

이번 추석 때 제가 친척들 모아놓고 실력 발휘 한 번 해야겠습니다…….

목욕탕집 사람들

저는 충청도에 사는 용 집사라고 합니다.

저희는 기독교 집안입니다. 할아버지 때부터 주님을 알고 교회에 다녔습니다. 3대가 모여 사는 집안이라 대가족이 살고 있습니다.

저희는 할아버지 때부터 목욕탕을 했고 지금도 3대가 목욕탕을 하고 있습니다.

10년 전부터 목욕탕을 사우나와 찜질방으로 바꾸어서 영업하고 있습니다.

저희 남편은 카운터를 보고, 저는 매점을 하고 있습니다. 저희 큰아들은 남탕 청소와 보일러 등 온갖 잡일을 맡아서 하고요. 저희 둘째 아들은 때를 밉니다. 막내아들은 큰형을 도와서 잡일과 세탁 등 온갖 허드렛일을 하며 살고 있습니다. 그리고 제 남동생은 이발소를 하며 우리 가족은 여기서 먹고 살고 있습니다.

진행자님은 사우나 좋아하세요?

그냥 편하게 다니시면 잘 모르실 텐데요. 정말 해야 할 일이 너무 많습니다. 거의 중노동입니다. 24시간이 모자랄 만큼 온 식구가 여기에 매달려서 일하며 먹고 살고 있습니다.

제 사연은 이렇습니다. 아니. 제 고민은 이렇습니다. 누구에게도 말하지 못하는 가슴에 화가 깊숙이 있습니다. 먼저 아들 3형제는 모두 사우나에 나와서 일을 하는데 며느리들은 아이들 키운다. 직장 다니며 맞벌이한다는 핑계로 사우나 근처에는 오지도 않습니다. 전화해도 잘 받지도 않고 며느리들이 너무 얄밉다 못해 약이 올라서 한 대 쥐어박고 싶은 심정입니다.

오래전 목욕탕 시절에는 제가 우리 아이들을 업고 목욕탕 청소를 새벽부터 밤늦게까지 했거든요. 시어머니 잔소리 들으며 일을 허리가 끊어질 만큼 했는데 요즘 것들은 너무 편하다 못해 너무 이기적입니다.

두 번째는 저희 남편은 오랫동안 불을 피우는 일 등을 했는데 이제 나이 먹었다고 카운터에 앉아서 돈만 셉니다. 저는 매점에 앉혀 놓고 식혜를 팔고, 김밥도 말고, 라면을 끓여 팝니다. 이 나이에 너무 힘듭니다. 이해는 가지만 저희 남편도 너무 얄밉습니다.

그런데 요즘 코로나로 인해 저희 목욕탕에 비상이 걸렸습니다. 처음엔 한두 달 정도 영업이 안 될 줄 알았는데 이제 7개월째 파리만 날리고, 요즘은 영업도 못 하고 손가락만 빨고 있습니다. 이제 생계의 위기를 넘어서 한계점에 도달하였습니다. 너무 사태가 심각해서 다들 모여서 비상대책회의를 하기로 했습니다. 저는 평소에 참았던 울분과 짜증을 며느리들에게 그리고 남편에게 내려고 벼르고 별러서 회의하는 날을 기다렸습니다.

그날이 오고 회의를 시작하려는데 갑자기 며느리들과 남편이 책상 위에 돈 봉투를 하나씩 꺼내놓는 겁니다. 그것도 적지 않은 금액들을요……. 아마도 모아놓았던 돈과 대출을 받아 가족 생계 비용으로 의논해서 내놓은 모양입니다. 저는 머리가 하얘지고 띵~~ 하고 눈물이 핑 돌았습니다.

그리고 며느리들이 "어머니, 지금껏 너무 고생하셨어요. 이제 이걸로 몇 개월 생활하시고, 코로나 끝나면 아버님, 어머님 일하지 마시고 여행 다니시고 쉬세요." 하는 겁니다.

저는 참았던 눈물이 터졌습니다. 소리 내서 펑펑 울었습니다.

삼거리 목욕탕집 큰 며느리로 40년 동안 일을 한 인생살이, 매일 쓰다남은 남자 로션만 발랐던 내 인생, 나름 억울했던 마음이 폭발했던 모양입니다.

그리고 우리는 텅 빈 사우나에서 가정 예배를 드렸습니다.

진행자님, 제가 너무 못나고 부족해서 창피했습니다. 그리고 많이 행복했습니다.

우리 가족 늘 건강하고 행복하길 기도합니다.

그리고 코로나 빨리 지나갔으면 좋겠어요.

동사무소 가는 길

저는 김영숙이라고 합니다.

6학년이고요. 장가를 안 간 노총각 아들 하나를 둔, 머리가 하얀 평범한 중년 엄마입니다.

오늘이 제겐 정말 감사하고 감동적인 날입니다.

저는 동사무소에 다녀왔습니다. 집에서 도보로 5분 거리인데 잎이 떨어지는 가을 아침에 만감이 교차하는 마음으로 일을 보러 다녀왔습니다. 아들이 지방에서 학교를 오랫동안 다니다가 고시에 합격해서 서울 집으로 이사를 왔기 때문에 아들 전입신고를 하러 다녀왔습니다.

진행자님, 아들이 직장생활을 하다가 늦게 신학교를 가서 공부를 마치고 이번에 목사 안수를 받았습니다. 정말 감사한 일입니다. 아들도 뒤늦게 고생을 많이 했습니다.

그런데 교회 취업이 잘 안 돼서 일단 집으로 올라와야 하는 상황입니다. 코로나로 인해 교회 사역하는 자리도 쉽지 않은 모양입니다.

오늘 동사무소를 향해 걸어가는데 공교롭게도 10여 년 전 이맘때 생각이 나서 눈물이 흐르고 가슴이 먹먹해져서 다리가 무거웠습니다. 10여 년 전 저희 남편이 아파서 투병 생활을 하다가 하늘나라에 갔습니다. 남편을 떠나보내고 사망 신고하러 동사무소에 가야 했고, 저는 이 길을 남편을 보내기 위해 걸었습니다. 한 걸음 한 걸음 걸을 수 없었던 그날, 똑바로 걸을 수가 없었습니다. 벽을 잡고 걷고, 걷다가 힘이 들어 주저앉고……. 그렇게 그 길을 걸었습니다. 눈물이 나고 힘들었던 그날이 생각납니다.

남편의 이름을 호적에서 지우고 돌아오는 길에 저는 아직 지우지 못한 슬픈 마음으로 공원 벤치에 앉아서 너무 많이 울었습니다. 아직도 저는 남편을 지우지 못하고 늘 가슴 한구석에 남겨 두었습니다.

그리고 세월이 이렇게 흘러서 똑같은 장소에 앉아있어요. 푸르른 가을 하늘……. 오늘은 더 푸르고 아름다운 날씨네요. 제 모습에 많은 생각을 하게 됩니다. 세월이 서럽고 인생살이가 너무 고단했습니다.

오늘은 저 자신에게 처음으로 '고생했어……. 수고했어…….'라고 말해 주고 위로해 주고 싶습니다. 그리고 감사한 마음으로 힘을 내서 남은 인생을 아들 목사님 뒷바라지하면서 살아가렵니다.

소리 내서 공원에서 기도했습니다.

"여보, 오늘은 우리 아들이 당신이 원했던 목사님이 되어서 이제 집으로 와요. 하늘나라에서 잘 지내죠? 당신이 좋아하는 찬송가 부르면서 천국에서 성가대를 하고 있나요? 우리 아들 목사님과 당신……. 나중에 천국에서 만나서 꼭 같이 찬양을 불러요……. 그리고 세상에서 너무 고생했어요……. 거기서 아프지 말고 편히 쉬어요. 여보, 너무 그립습니다. 너무 그립습니다."

"하나님, 우리 아들을 통해 죽어가는 영혼들을 살리시고 가난하고 지친 영혼들에게 희망과 꿈을 줄 수 있는, 아프지 않고 오랫동안 사역할 수 있는 목회자가 되게 해주세요."

진행자님, 너무 제 개인적인 슬픈 이야기를 많이 해서 죄송합니다.

하시는 사역에 하나님의 도우심이 함께 하시길 기도드립니다.

임마누엘~~.

심령이 가난한 자는 복이 있나니 천국이 그들의 것임이요 (마태복음 5장 3절)

어머나, 저한테 왜 이러세요?

저는 서울에 사는 김보람입니다.

요가 강사이고요. 나이는 37세입니다. 대학에서 현대 무용을 전공하고 지금은 요가 강사로 작게 학원을 운영하고 있습니다. 신앙은 모태 신앙이고요. 작은아버지가 불광동에서 큰 교회 담임을 하고 계십니다.

저는 큰 교회는 좀 부담스러워서 동네 교회에서 봉사하고 성가대와 주일학교를 담당하고 있습니다.

방송을 들어보니 시원하게 꾸밈없이 얘기를 해주실 듯해서 용기를 내서 사연을 보냅니다.

익명을 써서 죄송해요. 다들 그렇게 하시더라고요. 호호호

제 사연은 제가 다니는 ○○교회 담임목사님 말고 부목사님이 한 분 계십니다. 최○○ 목사님이신데 44세에 노총각 목사님이십니다. 교회에 다닌 지 3개월쯤 되었을 때 저한테 개인적인 만남을 원하시더라고요. 성경 공부, 새

신자 공부들로 한두 번 뵙고 상담 등 미팅을 했는데 "자매님을 위해 기도하고 있다, 사역과 사명에 관해서 기도해보라."는 등 처음엔 좋은 마음에 "목사님, 감사합니다."라고 했습니다. 그랬더니 "밖에서 밥을 사주시겠다, 개인적으로 성경 공부를 하자."는 등 알고 보니, 어머나! 저한테 들이대는 겁니다.

친구에게 이 얘기를 하니 "설마 그러겠어?" 했는데 이미 교회에선 소문이 다 났더라고요……. 200명도 안 되는 교인이 다 아는 것 같아요. 목사님이 저를 좋아하고 결혼하고 싶다고, 그래서 작정 기도를 하고 있다고요…….

'이런 무슨 개 풀 뜯어 먹는 소리를 하냐?'고 당장 화를 내고 싶지만, 일단 참고 있는 중입니다.

이 목사님은 배도 좀 나왔고, 머리숱도 약간 없고, 뿔테 안경에 제가 딱 안 좋아하는 스타일이거든요.

'얻다 대고 눈은 높아서.'

암튼 좀 짜증이 납니다.

요즘 코로나에 온라인 예배드리잖아요. 그래서 이 목사님 얼굴 안 봐서 좋았습니다. 솔직히 제 스타일이 전혀 아니거든요. 제 이상형은 박보검이나 조인성 스타일이거든요.

전화는 몇 번 왔지만 좀 까칠하게 대했어요(제가 좀 한 인물 하긴 합니다). 호호호.

그런데 지난주에 일이 터지고 말았습니다. 이 목사님이 저희 작은아버지 교회에 가서 제가 좋다고 허락을 받으러 갔다는 겁니다. 오 마이 갓! 이런 CC.

같은 지방회 소속이라 작은아버지와도 아는 관계거든요.

작은아버지로부터 전화가 왔습니다. 일단 만나보라고 사람이 성실하고 믿음이 좋다고……. 이런 CC.

실은 저희 아버지가 저 어릴 적에 돌아가셔서 제게 작은아버지가 아버지나 마찬가지시거든요.

아, 이런 이 상황을 어떻게 해야 하나요?

교회를 옮기자니 작은아버지가 화내실 것 같고, 교회를 계속 다니면 이 아저씨……. 아니, 이 목사님 얼굴을 계속 봐야 하고……. 고민입니다.

실은 죄송한 얘기인데 코로나 때문에 온라인 예배드리는 거? 저한테는 무척 좋은 일이었답니다. ㅋㅋㅋ

제 친구가 저한테 이럽니다.

"야! 너도 똥차야. 너 좋다는 사람 있으면 그냥 만나. 팔자라고 생각하고."

이러는 겁니다.

아무튼, 고민이 많습니다.

목사님이 싫으시냐고요? 아뇨. 인간적으로 싫지는 않지만 좋아하는 감정은 전혀 없습니다. 저는 백마 탄 왕자님이 곧 오실 거로 생각합니다. 호호호.

진행자님의 좋은 의견 부탁드립니다.